Philipp Müller

Die Kunst zu trösten

Ignatianische Impulse
Herausgegeben von Stefan Kiechle SJ, Willi Lambert SJ
und Stefan Hofmann SJ
Band 88

Ignatianische Impulse gründen in der Spiritualität des Ignatius von Loyola. Diese wird heute von vielen Menschen neu entdeckt.

Ignatianische Impulse greifen aktuelle und existentielle Fragen wie auch umstrittene Themen auf. Weltoffen und konkret, lebensnah und nach vorne gerichtet, gut lesbar und persönlich anregend sprechen sie suchende Menschen an und helfen ihnen, das alltägliche Leben spirituell zu deuten und zu gestalten.

Ignatianische Impulse werden begleitet durch den Jesuitenorden, der von Ignatius gegründet wurde. Ihre Themen orientieren sich an dem, was Jesuiten heute als ihre Leitlinien gewählt haben: Christlicher Glaube – soziale Gerechtigkeit – interreligiöser Dialog – moderne Kultur.

Philipp Müller

Die Kunst zu trösten

echter

Klimaneutral
Druckprodukt
ClimatePartner.com/12514-2007-1002

Der Umwelt zuliebe verzichten wir bei unseren Büchern auf Folienverpackung.

Bibliografische Information der Deutschen Nationalbibliothek

Die Deutsche Nationalbibliothek verzeichnet diese Publikation in der Deutschen Nationalbibliografie; detaillierte bibliografische Daten sind im Internet über <http://dnb.d-nb.de> abrufbar.

www.echter.de
Druck und Bindung: Friedrich Pustet, Regensburg
ISBN
978-3-429-05539-4
978-3-429-05111-2 (PDF)
978-3-429-06498-3 (ePub)

Inhalt

Hinführung*

Jemanden trösten zu wollen, dessen Leben plötzlich aus den Fugen geraten und dem der Boden unter den Füßen weggebrochen ist, ist alles andere als leicht. Deshalb fühlen sich Menschen nicht selten unsicher und hilflos, wenn sie fremdem Leid begegnen und es durch gute Worte lindern möchten. Dieses Gefühl der Hilflosigkeit ist berechtigt. Missglückte Trostversuche gibt es zuhauf, setzt doch Trösten ein gutes Maß an Einfühlungsvermögen und Intuition voraus. Darüber hinaus sind verschiedene Kompetenzen beim Trösten hilfreich, die sich beispielsweise in einer Ausbildung zum Trauerbegleiter oder zur Trauerbegleiterin aneignen lassen. Bestimmte Standards, die auf diesem Weg vermittelt werden, können dazu beitragen, dass Trost gelingt. Manchmal ist freilich schon viel gewonnen, wenn ein stümperhafter Trostversuch vermieden wird, der einen leidenden Menschen mehr irritiert, anstatt ihm zu helfen.

Gelingender Trost ist nicht planbar und bleibt letztlich unverfügbar. Er geschieht in Begegnungen, die dem anderen guttun und ihn stärken. Manche Menschen sind wahre Trostkünstler und verfügen in besonderer Weise über diese Gabe. Was aber hat es mit einem guten und echten Trost auf sich? Woran lässt er sich erkennen und wie unterscheidet er sich vom billigen Trost und von einer Vertröstung? Was trägt dazu bei, dass sich Menschen wirklich getröstet fühlen, wodurch wird es verhindert?

Nicht nur Menschen trösten einander. In der jüdisch-christlichen Tradition tröstet auch Gott. »Der du der Tröster wirst genannt«, heißt es in einem bekannten

* Dieses Buch ist dem Andenken an Marianne Müller (1926-2018) gewidmet.

Heilig-Geist-Lied. »Tröster« ist einer der schönsten Namen des an sich unsagbaren Gottes. Wie aber tröstet Gott? Und woran erkenne ich, dass Gott mich tröstet, und was will er mir damit sagen? Die letzte Frage verweist auf die ignatianische Spiritualität, in der das innere Empfinden von Trost oder Trostlosigkeit der entscheidende Kompass ist, um den Willen Gottes für das eigene Leben zu erkennen.

Mit diesen Fragen und Hinweisen ist der inhaltliche Rahmen der folgenden Überlegungen abgesteckt. Sie stehen unter dem Vorzeichen, dass das Trösten eine Kunst ist, die viel Fingerspitzengefühl verlangt und für deren Gelingen es kein Patentrezept gibt. Was sich in einer Situation als goldrichtig erwiesen hat, kann in einem anderen Zusammenhang Verstörungen auslösen.

Zur Illustration wird im Folgenden immer wieder auf Personen und ihre Erfahrungen zurückgegriffen, die sich unter extremen Bedingungen zu behaupten hatten. Unter widrigen Umständen sind Menschen oft besonders trostbedürftig. Dabei trennt sich auch die Spreu vom Weizen und es wird leichter erkennbar, was wirklich tröstet und was hohle Phrasen sind.

1. Trösten – eine vermessene Aufgabe?

Bevor positiv darauf eingegangen wird, unter welchen Bedingungen Trost vielleicht gelingen kann, wird in diesem Kapitel gefragt, ob das Trösten-Wollen im Grunde nicht vermessen ist. Dabei kommen auch mögliche Fehlformen zur Sprache. Besondere Achtsamkeit ist angezeigt, wenn der Trost mittels religiöser Floskeln erfolgt; denn dann ist die Gefahr groß, dass Religion zur Vertröstung verkommt und der Name Gottes missbraucht wird.

Welches gute Wort hilft der Frau weiter, deren Partner nach vielen gemeinsamen Ehejahren gestorben ist? Was tröstet einen Menschen, dessen Beziehung in die Brüche gegangen ist und der mit seinem Leben nun wie vor einem Scherbenhaufen steht? Außenstehende fühlen sich in solchen Situationen schnell verunsichert und wissen nicht recht, wie sie reagieren sollen. Deshalb wird eine langjährige Bekannte, die mit einer unheilbaren Krankheit im Krankenhaus liegt, nicht besucht oder dem trauernden Nachbarn, dem man zufällig auf der Straße begegnet, aus dem Weg gegangen. Die gute Bekannte oder der trauernde Nachbar, zu denen bis dahin ein unkomplizierter Kontakt bestand, finden ein solches Verhalten irritierend.

Menschen tun sich mit dem Trösten schwer, weil sie spüren, wie schwierig und heikel diese Aufgabe oft ist. Denn ein Trost muss sich im anderen einstellen, und ein Begleiter oder eine Begleiterin haben es nicht in der Hand, ob und wann dies geschieht. Wie vermessen es im Grunde ist, einen Menschen trösten zu wollen, wird besonders in der Sterbebegleitung deutlich. Welche Hoffnung will man einem Sterbenden vermitteln, wenn man selbst nicht weiß, was einen nach dem Tod erwartet und wie man sich an Stelle des Sterbenden verhielte? Eigentlich sind dabei die Sterbenden die Experten, weil sie den anderen ein Stück des Weges voraus sind und vom Sterben mehr Ahnung als diejenigen haben, die zurückbleiben. Darum wären sie auch die idealen Sterbebegleiter.

Es schmerzt, einen anderen Menschen leiden zu sehen; und je weniger man aktiv tun kann, desto größer ist das Gefühl der eigenen Hilflosigkeit. Manche gehen solchen Situationen bewusst aus dem Weg. Andere verfolgen eine offensive Strategie: Sie geben Ratschläge und Tipps, wie damit umzugehen sei. Damit wollen sie erreichen, dass es dem anderen bald wieder besser geht. Hierfür erwarten sie von ihrem Gegenüber unbewusst vielleicht eine Form von Dankbarkeit – und dies, obwohl ihre Bemühungen wenig gebracht haben. Möglicherweise hat der andere die Begegnung gar als anstrengend erlebt und wäre lieber in Ruhe gelassen worden.

Manchmal soll durch vermeintlich gute Ratschläge die eigene Hilflosigkeit kompensiert werden. Um zwei Beispiele zu nennen: Ein erfolgreicher Mann von Mitte 40 wird durch den schwerkranken Schulfreund mit der eigenen Verletzbarkeit und Endlichkeit konfrontiert, die er bis dahin erfolgreich verdrängt hatte und sich immer noch nicht recht eingestehen will. Oder: Eine Frau erfährt von sexualisierter Gewalt in der Familie ihrer Freundin, und ihr schwant dabei, im eigenen Leben etwas Ähnliches erlebt zu haben, das niemals richtig aufgearbeitet wurde. In beiden Fällen können Ratschläge ein Abwehrmechanismus sein, sich bedrohliche Gefühle vom Leib zu halten. Damit die »blinden Flecken« der eigenen Biographie das Handeln so wenig wie möglich torpedieren, empfiehlt es sich gerade für Menschen in helfenden Berufen, zu denen auch Seelsorgerinnen und

Seelsorger gehören, sich mit ihrer Lebensgeschichte intensiv auseinandergesetzt und sie so gut wie möglich aufgearbeitet zu haben. Denn die helfende Person ist und bleibt das eigentliche »Instrument« ihres Handelns.[1] Deshalb gilt für alle, die anderen helfen und ihnen tröstend beistehen wollen: Je besser sich eine Person selbst kennt und je mehr sie gelernt hat, mit ihren Grenzen und Unvollkommenheiten umzugehen, desto adäquater und feinfühliger wird sie auch anderen begegnen.

Die Warum-Frage und religiös verbrämter Trost

Leute, denen ein schlimmer Schicksalsschlag widerfahren ist, fragen nicht selten: »Warum ist ausgerechnet mir das passiert?« Was soll man als Begleiter oder Begleiterin auf eine solche Frage antworten, die sich im Grunde nicht beantworten lässt?

Zunächst ist Verständnis dafür aufzubringen, dass ein Mensch diese Frage stellt. Weil auf dem Gebiet der Naturwissenschaften oder der Medizin die Frage »Warum ist das so?« enorme Erkenntnisfortschritte ermöglicht hat, legt es sich nahe, auch das eigene Leben und die persönliche Biographie kausal begreifen zu wollen. Auf diese Weise wird das Leben berechenbar. Im Alltag funktioniert das in der Regel recht gut: In Kindheit und Jugend entwickelt ein Mensch einen Deuterahmen, in den sich weitere Erfahrungen und Erlebnisse integrieren und einordnen lassen, der durch neue Erfahrungen aber auch immer wieder modifiziert und verändert wird.

[1] Wenn in diesem Buch von »helfenden Gesprächen« oder »tröstenden Beziehungen« die Rede ist, dann geschieht das in dem Bewusstsein, dass die Möglichkeiten des aktiven Helfens und Tröstens begrenzt sind.

Die jeweilige Kultur und Religion bestimmen als kollektive Größen den persönlichen Deuterahmen in dem Maße inhaltlich mit, wie ein Mensch die jeweiligen Inhalte in seine Weltsicht integriert. Schwierig und bedrohlich wird es dann, wenn einen ein Ereignis so aus der Bahn wirft, dass es den bestehenden Deuterahmen sprengt. Dies kann Anlass sein, das Leben als Ganzes zu hinterfragen und auf einer existentiellen Ebene die Warum-Frage zu stellen.

Vielleicht findet ein Mensch in einer schweren Situation selbst zu einer Antwort auf die Warum-Frage. Es ist jedoch mehr als fragwürdig, wenn Außenstehende einem die Deutung von Krankheiten und anderen Schicksalsschlägen abnehmen wollen und zu wissen vorgeben, welcher Sinn darin liegt und was Gott einem damit sagen möchte. Solche Antworten werden in der Regel dem Einzelnen nicht gerecht, drohen sein Leiden zu verharmlosen und es religiös zu verbrämen. Schenkt man beispielsweise einem Menschen, dem das Wasser (im übertragenen Sinn) bis zum Halse steht, eine Spruchkarte mit dem Text »Was macht schon der Schiffbruch, wenn Gott das Meer ist«, dann ist es mehr als verständlich, wenn der Empfänger die Karte als zynisch empfindet. Misslungene Trostversuche dieser Art offenbaren, wie sehr die Redeweise stimmt, dass das Gegenteil von »gut« häufig »gut gemeint« ist.

Der Trostversuch der Ijob-Freunde

Religiösen Trost von außen, den Betroffene als wenig hilfreich erleben, hat es immer gegeben. Das biblische Ijob-Buch ist hierfür ein Lehrstück. Ijob ist ein Mann, der in jeder Hinsicht vorbildlich gelebt hat. Irgendwann trifft ihn ein Schicksalsschlag nach dem anderen. Alles wird ihm genommen: Reichtum, Gesundheit und sogar die eigenen Kinder. Eindrücklich beschreibt die Bibel, wie er mit einer Tonscherbe in der Hand in der Asche sitzt, um sich den Ausschlag zu schaben (2,8f.).

Ijob hat jedoch drei Freunde, die immerhin einen weiten Weg auf sich nehmen, um ihn zu trösten. Nach ihrer Ankunft verweilen sie zunächst sieben Tage und Nächte schweigend bei ihm (2,11–13), wie es der jüdischen Trauerwoche entspricht. Danach bricht es aus Ijob heraus: Er verflucht den Tag seiner Geburt und wünscht sich den Tod (Kap. 3). Seine Freunde empfinden eine solche Rede als Frevel und gebieten ihm Einhalt. Sie raten ihm, er solle seine Schuld anerkennen und Gott um Vergebung bitten; dann werde dieser sich seiner erbarmen und die Not wenden. In ihrer Argumentation setzen sie unausgesprochen voraus, Ijob habe gesündigt und das Leid sei hierfür Gottes gerechte Strafe. Ijob ist sich freilich keiner Schuld bewusst, und er signalisiert den Freunden deutlich, dass ihm ihr Zuspruch wenig hilft: »Leidige Tröster seid ihr« (16,2b), ruft er ihnen zu. Und weiter: »Wie wollt ihr mich mit Nichtigem trösten? Eure Antworten bleiben Betrug« (21,34). Trotzdem hat die Logik der Freunde schon bei ihm verfangen. Ijob steigert sich in Unschuldsbeteuerungen hinein und wendet sich klagend und anklagend an Gott, der erscheinen und ihm in einem Prozess die Schuld beweisen soll.

Am Ende erscheint Gott tatsächlich und würdigt ihn einer Antwort. Aber es kommt anders, als Ijob und seine Freunde sich dies vorgestellt haben: Gott verweist eingehend auf die Größe seiner Schöpfung; sie ist ein Zeichen dafür, dass er bei aller Unbegreiflichkeit das Geschick der Welt und der Menschen trägt, auch wenn vieles im Leben unverständlich bleiben wird. Von irgendwelchen Sünden, die Ijob begangen haben soll, ist keine Rede;

die Prämisse Ijobs und seiner Freunde hat in Wirklichkeit nie gegolten. Das Buch endet mit einem Happyend und schildert, wie Ijob es wieder zu Glück und Wohlstand gebracht hat. Auf die Frage, warum er hat leiden müssen, gibt das Buch keine Antwort – wie sie für viele Menschen offenbleiben muss, deren Leiden nicht mit einem Happyend zu Ende gehen.

Als das Buch Ijob in vorchristlicher Zeit entstand, war sowohl unter Theologen als auch in der Volksfrömmigkeit ein Denken weit verbreitet, das man heute den »Tun-Ergehen-Zusammenhang« nennt. Dem zufolge hat das konkrete Leid eines Menschen als Strafe Gottes für begangene Sünden zu gelten. Wenn also jemand schwer krank wurde, dann ging man davon aus: Der Kranke selbst oder jemand aus seinem nächsten Umfeld hat sich etwas zuschulden kommen lassen. Dieses Denkmuster bot dem Betroffenen und seiner Umgebung Anlass für vielfältige Spekulationen und Tuscheleien. Spätestens mit dem medizinisch-naturwissenschaftlichen Erkenntnisfortschritt verlor es an Bedeutung, aber ganz verschwunden ist es nicht. Auch heute sind besonders solche Menschen für ein solches Denkmuster anfällig, die das Bild eines strafenden Gottes in sich tragen. Heute sind manchmal (pseudo-)psychologische Varianten an die Stelle eines religiös fundierten »Tun-Ergehen-Zusammenhangs« getreten, die beispielsweise im Ausbruch einer Krebserkrankung einen nicht aufgearbeiteten psychischen Konflikt erkennen oder die Auffassung vertreten, dass Herzkranke immer ängstliche Persönlichkeiten sind.

Das Ijobbuch erteilt jedwedem zum Dogma erhobenen »Tun-Ergehen-Zusammenhang« in seinen verschiedenen Varianten eine Absage. Damit entlarvt es alle vermeintlichen Tröster, die andere Menschen darüber belehren wollen, warum ihnen Leid widerfahren ist und welcher vermeintliche Sinn darin liegt. Auf diese Fragen kann es keine objektiv gültige Antwort von außen geben. Bezeichnend ist eine Begebenheit, über die der Schriftsteller Walter Dirks in einem Zeitschriftenbeitrag (Die Zeit, vom 13. Oktober 1968) berichtet. Dirks hatte kurz vor dessen Tod noch einmal den Religionsphilosophen Romano Guardini (1885–1968) besucht, der ihn wissen ließ: »Er werde sich im letzten Gericht nicht nur fragen lassen, sondern auch selber fragen; er hoffe in Zuversicht, dass ihm dann der Engel die wahre Antwort nicht versagen werde auf die Frage, die ihm kein Buch, auch die Schrift selber nicht, die ihm kein Dogma und kein Lehramt, die ihm keine ›Theodizee‹ und Theologie, auch die eigene nicht, habe beantworten können: Warum, Gott, zum Heil die fürchterlichen Umwege, das Leid der Unschuldigen, die Schuld?«

Die Shoa und die Sinnlosigkeit des Leidens

Trotzdem hat es in der Geschichte der Theologie und der Philosophie immer wieder Versuche gegeben, das Leid von Menschen zu erklären und es irgendwie mit einem tieferen Sinn zu belegen. Erklärungs- und Trostversuche dieser Art sind allerspätestens durch die systematische Judenvernichtung im Nationalsozialismus *ad absurdum* geführt worden. Diese Einsicht spiegelt sich begrifflich darin wider, dass man heute lieber von der Shoa als vom Holocaust spricht.

Bald nach Ende des Zweiten Weltkriegs wurde zunächst im angelsächsischen Raum, dann auch in anderen Ländern wie Deutschland die systematische Vernichtung der Juden im Nationalsozialismus als Holocaust bezeichnet. Die gleichlautende amerikanische Fernsehserie »Holocaust« hat das Thema filmisch eindrucksvoll inszeniert. Sie erzählt die (fiktive) Geschichte der vormals angesehenen jüdischen Arztfamilie Weiss, deren Weg ins Konzentrationslager Auschwitz führt. Als die Serie im Januar 1979 zum ersten Mal im deutschen Fernsehen lief, löste sie bei vielen Zuschauern eine tiefe emotionale Betroffenheit aus und hat zu einer vertieften Auseinandersetzung mit der deutschen Vergangenheit geführt. Seitdem können weite Teile der Bevölkerung mit dem Holocaust-Begriff etwas anfangen und verbinden ihn mit den nationalsozialistischen Gräueltaten an den Juden.

Doch dieser Begriff ist fragwürdig. Ursprünglich stammt Holocaust aus dem Griechischen und bedeutet »vollständig verbrannt«. Dieses Wort hat einen religiös-kultischen Hintergrund: In der altkirchlichen Übersetzung des hebräischen Alten Testaments ins Lateinische bezeichnet das »holocaustum« ein Tieropfer, bei dem alle Körperteile und Innereien eines geschlachteten und zerteilten Opfertieres auf einem Altar verbrannt wurden. Damit stellt sich die Frage: Ist es angemessen, die Juden, die in Auschwitz und anderswo vergast und deren Körper in den dortigen Krematorien verbrannt wurden, als »Ganzopfer« zu verstehen? Was würden die Opfer selbst dazu sagen? Denn der Begriff assoziiert, dass in der Judenvernichtung irgendeine religiöse Sinnhaftigkeit liegen könnte, auch wenn sie von außen nicht erkennbar ist.

Jüdischerseits hat man deshalb schon früh den hebräischen Begriff »Shoa« dem des »Holocaust« vorgezogen. »Shoa« bedeutet so viel wie »Untergang« oder »Zerstörung« und betont das Destruktive und Widersinnige der damaligen Ereignisse, ohne sie (wie dies beim Holocaust-Begriff und seinem impliziten Opfer-Verständnis der Fall sein kann) noch mit irgendeinem latenten Sinn belegen zu wollen. Bereits im Jahr 1951 hat der Staat Israel den Shoa-Tag, den *Jom haSho'a*, als nationalen Gedenktag eingeführt, an dem bis heute Juden aus aller Welt der Judenpogrome der NS-Zeit gedenken. Ursprünglich sollte dieser Gedenktag am 14. Nisan und damit an dem Tag sein, an dem der Aufstand im Warschauer Ghetto begann; da dieser Tag nur einen Tag vor dem Beginn des Pessach-Fests liegt, wurde er um dreizehn Tage auf den 27. Nisan verlegt, an dem er bis heute begangen wird.

Elie Wiesel und »Der Prozess von Schamgorod«

Lässt sich das Leiden von Menschen in seiner ganzen Sinnlosigkeit überhaupt irgendwie mit dem Glauben an einen guten Gott vereinbaren? Um diese Frage hat zeit seines Lebens der jüdische Schriftsteller Elie Wiesel (1928–2016), ein Überlebender der nationalsozialistischen Konzentrationslager und Friedensnobelpreisträger des Jahres 1986, gerungen. Der in Siebenbürgen Geborene verlor in Auschwitz Mutter und Schwester; in Buchenwald kam kurz vor der Befreiung im April 1945 sein Vater um. Eindrücklich beschreibt er seine Erfahrungen im ursprünglich jiddisch verfassten Erstlingswerk »Die Nacht«, das im Jahr 1956 und damit elf Jahre nach Ende des Zweiten Weltkriegs erschienen ist. Diese Zeitspanne hat damit zu tun, dass Wiesel sich nach dem Entrinnen aus dem Todeslager vorgenommen hatte, zehn Jahre lang zu schweigen, ehe er das Erlebte in Worte fassen werde – wie übrigens auch Ijob und seine Freunde eine ganze Woche miteinander geschwiegen hatten, ehe einer nach dem anderen das Wort ergriff.

Im Jahr 1979 und damit mehr als 20 Jahre später hat Wiesel sein vielleicht abgründigstes Theaterstück veröffentlicht, das er in der Regieanweisung als »tragische Farce« charakterisiert: »Der Prozess von Schamgorod (so wie er sich am 25. Februar 1649 abgespielt hat)«. Dieses Werk greift das biblische Ijob-Thema auf, stellt es aber in den Kontext der Chmelnyzkyj-Pogrome des 17. Jahrhunderts, die zu den blutigsten Pogromen der ostjüdischen Geschichte zählen. Ort und Zeit der Handlung sind eine Wirtschaft im Dorf Schamgorod unweit des Dnjepr. Dort kehren eines Tages bei Berisch, dem Wirt, und seiner geistig verwirrten Tochter Hanna drei jüdische Wanderschauspieler ein. Da dieser Tag auf das jüdische Purim-Fest fällt, bietet die mittellose Wandertruppe an, für die Juden des Dorfes ein Purim-Spiel aufzuführen, das traditionsgemäß von der wunderbaren Errettung des jüdischen Volkes durch die Königin Esther erzählt. Der Wirt wehrt ab und klärt die Gäste auf, was Schlimmes am Ort geschehen ist: In Schamgorod seien unlängst alle Juden umgebracht worden; nur er und seine Tochter Hanna hätten überlebt. Später erfährt man: Hanna hat den Verstand verloren, weil sich das Massaker ausgerechnet an ihrem Hochzeitstag ereignete.

Nach einigem Hin und Her stimmt der Wirt einem Spiel in seinen Räumen zu, aber nur unter der Bedingung, dass dieses Purim-Spiel – Purim ist das jüdische Fest der Narren – ein fingierter Prozess gegen Gott vor einem rabbinischen Schiedsgericht sei. Man einigt sich auf die Rollen: Der Wirt übernimmt den Part des Anklägers, der Gott verstehen, ihn anklagen, verurteilen und verdammen will. Die drei Wanderschauspieler sind die Richter. Aber niemand ist bereit, die Verteidigung Gottes zu übernehmen. Die für diese Aufgabe Prädestinierten – der Richter, der Lehrer und alle, die an ihn glaubten – sind dem Massaker zum Opfer gefallen. Plötzlich betritt ein elegant gekleideter Fremder die

Wirtsstube. Seine Identität gibt er nicht preis, aber jeder spürt seine negative Ausstrahlung. Spontan erklärt er sich bereit, die Rolle von Gottes Advokat zu übernehmen, und er füllt sie meisterhaft aus. Wortgewandt und spitzfindig führt er alle gängigen Argumente ins Feld, mit denen bisweilen Theologen und Philosophen auf die Frage zu antworten pflegen, warum der gute Gott Menschen leiden lässt. Alle Anklagepunkte des Wirtes weiß er zu entkräften, den er als Ungläubigen bloßstellt. Schließlich sind die Anwesenden geneigt, den Fremden aufgrund seiner überzeugenden Argumentation für einen Zaddik, einen gerechten Gottesmann, zu halten. Doch die Geschichte nimmt eine überraschende Wende: Als gegen Ende des Purim-Spiels alle ihre Masken aufsetzen, setzt der gewiefte Fremde die Maske des Teufels auf und gibt damit seine wahre Identität preis. Das Stück schließt mit den Worten:

»Und ihr habt mich für einen Heiligen gehalten? Einen Gerechten? Ich ein Weiser, zur Verehrung geschaffen? Ich, ein Herold des Glaubens? Armselige Narren! Wie blind seid ihr doch! Wenn ihr nur wüsstet, wenn ihr nur wüsstet …«

Elie Wiesels Theaterstück »Der Prozess von Schamgorod« ist auf dem Hintergrund der Shoa zu verstehen. Derjenige, der Gott angesichts des damit verbundenen unermesslichen Leids mit sophistischen Argumenten am besten zu verteidigen versteht, so dass am Ende keine Fragen mehr offenbleiben, entpuppt sich am Ende als der Teufel selbst. Für menschliche Trostbemühungen heißt das: Bisweilen ist ein vermeintliches Trostwort, das fromm daherkommt und sich auf die Bibel oder sonst ein heiliges Buch beruft, die pure Blasphemie. Paradoxerweise kann die intellektuell klügste Verteidigung Gottes vom »Diabolos« (so das griechische Wort für »Teufel«, das eigentlich »Durcheinander-Werfer« bedeutet) selbst kommen, dem jedes Mittel recht ist, Verwirrung und Unheil zu stiften. Übrigens erweist sich der Teufel auch in der neutestamentlichen Versuchungsgeschichte als bibelfest, wenn er Jesus mit folgenden Worten aus Psalm 91 dazu bewegen möchte, sich vom Tempel herabzustürzen: *»Seinen Engeln befiehlt er deinetwegen, dich zu behüten; und: Sie werden dich auf ihren Händen tragen, damit dein Fuß nicht an einen Stein stößt« (Lk 4,10f.).*

Elie Wiesel hat sich nach eigener Aussage oft von Gott verlassen und von der Menschheit verraten gefühlt. Dennoch sah er es als seine Aufgabe an, weder von dem einen noch von der anderen zu lassen: durch humanitären Einsatz für die Menschenwürde an verschiedenen Orten der Erde, aber auch, indem er an der Beziehung zum Gott der Väter letztlich festhielt. Übrigens hat das Stück »Der Prozess von Schamgorod« einen konkreten »Sitz im Leben«. Denn Wiesel hat während des Krieges selbst einmal einem rabbinischen Tribunal beigewohnt, in dem über Gott das Urteil gesprochen wurde. In einem Interviewband (vgl. Oberhänsli-Widmer, S. 179) erzählt er darüber: »Die Verhandlungen des Tribunals zogen sich lange hin. Und schließlich verkündete mein Lehrer, der Vorsitzender des Tribunals gewesen war, das Urteil: Schuldig. Und dann herrschte Schweigen – ein Schweigen, das mich an das Schweigen am Sinai erinnerte, ein endloses, ewiges Schweigen. Aber schließlich sagte mein Lehrer, der Rabbi: Und nun, meine Freunde, lasst uns gehen und beten. Und wir beteten zu Gott, der gerade wenige Minuten vorher von seinen Kindern für schuldig erklärt worden war.«

Die persönliche Not vor Gott ins Wort bringen

Jüdisches Denken und jüdische Spiritualität sind davon geprägt, Gott nicht nur sein Leid zu klagen, sondern ihn gegebenenfalls auch wie Ijob anzuklagen. Für christliche Ohren mag das befremdlich, vielleicht sogar blasphemisch klingen, aber in der Klage bzw. Anklage Gottes kann ein psychohygienischer Effekt liegen: Denn ein Mensch, in dessen Gottesverhältnis das eine oder andere Platz hat, frisst das Leid nicht in sich hinein; weder bagatellisiert er seine Lage noch übertüncht er sie mit einem spirituellen Zuckerguss. Er wird seiner Bedürftigkeit neu gewahr und kann sich die eigene Hilfs- und (vielleicht auch) Trostbedürftigkeit eingestehen. Durch den Aspekt der Empörung treten auch die Leidursachen in den Blick, die der Veränderung harren. In alldem nimmt er Gott mit in die Verantwortung, den er bei aller Fragwürdigkeit noch nicht ganz abgeschrieben hat. In seiner Konkretheit unterscheidet sich das Klagen vom Jammern, das eher unreflektiert geschieht, eher diffus ist und sich nicht an einen konkreten Adressaten richten muss.

Für heutige Zeitgenossen, die die persönliche Lebenssituation in ihren diversen emotionalen Schattierungen vor Gott ins Wort bringen wollen, aber nicht recht wissen, wie sie das tun sollen, bietet sich das Buch der Psalmen im Alten Testament als eine Artikulationshilfe an. Denn die insgesamt 150 Psalmen sind aufgeschrieben worden, damit Menschen künftig in guten und schweren Lebenslagen darauf zurückgreifen können. Bezeichnenderweise sagen Juden, wenn sie in ihrer hebräischen Sprache vom Psalmenbeten reden, »*in* den Psalmen beten«; die Psalmen sind so etwas wie ein Haus, das für sie

bereitsteht und in das sie in jeder Gefühlslage und Situation eintreten können.
Die 150 Psalmen lassen sich drei großen Gattungen zuordnen, die für jeweils unterschiedliche Lebenssituationen stehen: der Bitte, dem Dank und der Klage. Bezeichnenderweise steht in den meisten Psalmen die Klage im Vordergrund. Hintergrund ist entweder die konkrete Notlage eines Einzelnen (wie Krankheit oder ungerechte Verfolgung) oder eine kollektive Notsituation (wie eine Hungersnot, die Pest oder Krieg). Die Klagelieder des Einzelnen folgen einem typischen Aufbau. Um dies am Beispiel von Psalm 69 zu illustrieren: Er beginnt mit einer Anrufung Gottes: »Rette mich, Gott« (Vers 2a). Hieran schließt sich eine Schilderung der Not an. Sie ist meistens vage formuliert, damit sich möglichst viele Beter mit ihrem persönlichen Lebensschicksal in den Worten eines Psalms wiederfinden können (»denn das Wasser geht mir bis an die Kehle! Ich bin versunken im Schlamm des Abgrunds und habe keinen Halt mehr«, Vers 2b.3a). Die Schilderung der Not geht in eine Bitte über (»Ich aber komme zu dir mit meinem Bittgebet, Herr, zur Zeit der Gnade«, Vers 14a). Am Ende des Psalms steht häufig ein Vertrauensbeweis. Bei den kollektiven Klageliedern des Volkes wird außerdem gerne der früheren Heilstaten Gottes gedacht. Eine solche Erinnerung an die Heilsgeschichte fungiert als Hoffnungszeichen: Wenn Gott sich in der Geschichte als treu und wirkmächtig erwiesen hat, dann kann er auch die jetzige Notlage zum Besseren wenden.
Auch Jesus von Nazareth war als gläubiger Jude mit dem Psalmengebet zutiefst vertraut. Nach Auskunft des Markusevangeliums, des ältesten der vier Evangelien, hat er am Kreuz kurz vor seinem Tod den Psalm 22 in seiner aramäischen Muttersprache »herausgeschrien« (so wört-

lich in Mk 15,34). Dieser Psalm beginnt mit der Frage: »Mein Gott, mein Gott, warum hast du mich verlassen?« Zwar schließt Psalm 22 mit einem tiefen Vertrauenserweis Gott gegenüber und sogar mit einem Lobpreis; doch die Evangelien geben keine Auskunft darüber, ob Jesus diesen Psalm aus innerer Überzeugung zu Ende gebetet hat oder ob er in einem tiefen Gefühl der Gottverlassenheit gestorben ist.

Statt Menschen mit einem schweren Lebensschicksal mit einem billigen Trost abzuspeisen oder ihre Situation schönzureden, gibt die Bibel den Gläubigen in den Klagepsalmen eine Hilfe an die Hand, sich vor Gott auszusprechen. Negativ konnotierte Empfindungen wie Wut, Ärger und Zorn, die jemand gegenüber Gott oder seinen Mitmenschen empfindet, werden dabei aufgegriffen. Manche Formulierungen in den Psalmen klingen für unser heutiges Empfinden grenzwertig, so der Psalm 58, in dem ein Mensch in großer Not mit drastischen Worten um die Vernichtung seiner Feinde betet. Man kann die Frage stellen, wie sich solche Aussagen zum neutestamentlichen Liebesgebot verhalten; aus psychologischer Sicht spricht für diese Art von sog. »Rache-Psalmen«, dass sie immerhin einer Verdrängung oder Abspaltung negativ konnotierter Empfindungen wehren, die nicht minder problematisch wäre.

Verspürt ein Mensch heute das Bedürfnis, einen persönlichen Klagepsalm zu schreiben, dann kann er sich am Grundaufbau der biblischen Klagepsalmen orientieren. Zu ihnen zählen die Elemente »Anrufung – Schilderung der Not – Bitte – Vertrauenserweis«, die gegebenenfalls durch eine »Erinnerung an frühere Heilstaten« ergänzt werden. Dabei kann der heutige Psalmenschreiber bewusst entscheiden, welche dieser Elemente er aufgreifen und worauf er verzichten möchte; der Vertrauenserweis oder eine Erinnerung an frühere Heilstaten sollten nur dann aufgenommen werden, wenn ein Mensch sie in seiner jetzigen Situation als angemessen empfindet.

Echter und falscher Trost, Trost und Vertröstung

Wer andere trösten möchte, tut gut daran, nicht zu viel zu wollen und den Mund nicht zu voll zu nehmen. Es ist schon sehr viel gewonnen, wenn ein Mensch das Elend des anderen mit aushält und einen bescheidenen Beitrag dazu leistet, dass sein Gegenüber in einer scheinbar ausweglosen Situation nicht gänzlich den Mut verliert und mit tastendem Vertrauen den nächsten Schritt gehen kann. Dieser bescheidene Anspruch entspricht dem, wie Trost definiert wird, nämlich als eine »beständige und beruhigende Zuwendung in einer Lage, die in Wirklichkeit keine Erwartungen und Hoffnungen auf schnelle Linderung zu hegen erlaubt, in der man sich aber auch Täuschungen und Lügen versagt« (Langenhorst: Trösten lernen?, 18). Um dies am Beispiel der Begleitung eines Todkranken zu verdeutlichen: Ihm wider besseren Wissens vorzumachen, er werde bald wieder gesund, ist eine bewusste Vorspiegelung falscher Tatsachen und damit eine Lüge; sie gilt als moralisch verwerflich, da sie dem anderen die Wahrheit verweigert und ihm dadurch etwas von seiner Würde nimmt. Die Alternative lautet nun nicht, einen Todkranken auf Biegen und Brechen mit dem medizinischen Befund zu konfrontieren und ihn zwingen zu wollen, der Wahrheit ins Auge zu schauen; vielmehr kommt es darauf an, sich ihm mit viel Fingerspitzengefühl zuzuwenden und ihn verlässlich zu begleiten. Dabei kann sich ein Raum auftun, der es einem Betroffenen ermöglicht, sich aus eigenem Antrieb dem nahen Ende und den damit verbundenen Fragen (was z. B. noch zu regeln ist) zu stellen.

Im Unterschied zum echten Trost, der der harten Realität standhält, gaukelt eine Vertröstung eine Hoffnung vor, die nicht gedeckt ist. Sie leistet einer Verdrängung Vorschub und legt es vielleicht sogar bewusst darauf an, dass Menschen ihr Leid geduldig ertragen, statt aufmüpfig zu werden. Dies war der hauptsächliche Einwand von Religionskritikern wie Karl Marx und Sigmund Freud, die von der Religion als dem Opium *des* Volkes oder (noch schlimmer) *für* das Volk sprachen; denn sie halte Menschen davon ab, sich gegen bestehende Ungerechtigkeiten zu erheben. Tatsächlich ist es das Zerrbild eines religiös motivierten Trostes, wenn dieser durch Verweis auf ein besseres Jenseits wie ein Surrogat wirken soll, das menschliches Leid kaschiert und einen Einsatz für mehr Gerechtigkeit im Hier und Heute verhindert.

Freilich ist nicht jede Hoffnung auf ein besseres Jenseits zwangsläufig auch eine Vertröstung. Die Frage, ob es mit der Hoffnung auf ein besseres Leben nach dem Tod etwas auf sich hat, ist letztlich eine Glaubensfrage, die sich weder in die eine noch in die andere Richtung beweisen lässt. Positiv gesehen, kann ein Jenseitsglaube die Kraft schenken, auch in schwersten Nöten nicht zu verzweifeln und auf eine größere Gerechtigkeit zu hoffen – was keineswegs ausschließt, sich bereits hier und jetzt für eine bessere Welt einzusetzen. Es ist bezeichnend, wie sehr sich Jesus im biblischen Gleichnis vom Endgericht mit Hungernden, Dürstenden, Fremden, Nackten, Kranken und Gefangenen identifiziert; denn das entscheidende Kriterium dafür, ins himmlische Reich zu gelangen, lautet: »Was ihr für einen meiner geringsten Brüder getan habt, das habt ihr mir getan« (Mt 25,40).

»... trotzdem Ja zum Leben sagen«

Sich getröstet zu fühlen hat viel mit Vertrauen zu tun. Davon wird unten im 3. Kapitel noch eingehender die Rede sein. Wie die indogermanische Wurzel des deutschen Begriffs »Trost« auf die Festigkeit des Kernholzes verweist, sind auch die englischen Wörter »tree« für Baum und »to trust« (vertrauen) mit dem deutschen Trost-Begriff verwandt. Dies weist darauf hin: Ob ein Mensch vertrauen kann und sich getröstet fühlt, ist immer auch eine Frage des subjektiven Empfindens. Ein solches Vertrauen zielt wie die Sinnfrage immer auf das Ganze des Lebens und nie nur auf einen Teilaspekt. Damit hängt die Frage zusammen, ob letztlich alles sinnlos ist oder ob das eigene Leben wie das Leben als Ganzes nicht doch einen Sinn in sich bergen.

Jemand, der an der Sinnhaftigkeit des Lebens nachdrücklich festgehalten hat, ist der Psychiater Viktor E. Frankl. Frankl wurde 1905 in Wien geboren und hat dort Medizin mit dem Schwerpunkt Psychiatrie studiert. Auch er hat als Jude in nationalsozialistischen Konzentrationslagern seine erst 25-jährige Frau, die Eltern und den Bruder verloren. Mit den folgenden Überlegungen soll den Anfragen, die sich oben aus der Biographie und dem Werk Elie Wiesels ergeben haben, nichts an Schärfe genommen werden. Da Frankls Ansatz jedoch ebenfalls biographisch gedeckt ist und die Überlegungen dieses Buches nicht auf ein geschlossenes System zielen, sondern die Aporien des Lebens aus unterschiedlichen Perspektiven auszuloten versuchen, haben Frankls Gedanken ebenso ein Recht darauf, gehört zu werden, wie die seines Leidens- und Glaubensgenossen Wiesel. Eindringlich plädiert Frankl dafür, dass sich selbst in schwersten Situationen Sinn finden lässt und Trost einstellen kann.

Viktor E. Frankls berühmtestes Buch trägt den vielsagenden Titel: »... trotzdem Ja zum Leben sagen. Ein Psychologe erlebt das Konzentrationslager«. Es ist bereits 1946, ein Jahr nach Ende des Krieges, erschienen und hat allein im englischsprachigen Raum mehr als 50 Auflagen erlebt. Frankl schildert darin den konkreten Alltag der Häftlinge im KZ, denen es am Notwendigsten fehlte und die von ihren Aufsehern schikaniert und gedemütigt wurden. Trotzdem haben Frankl und einige andere es fertiggebracht, nicht zu verzweifeln. Den meisten hat dabei der Gedanke an jemanden geholfen, der auf sie wartet und nach dem sie sich sehnen, wie zum Beispiel die Ehefrau oder die Kinder. Bei Frankl war es die Hoffnung auf ein Wiedersehen mit seiner Frau Tilly und seiner Mutter, aber auch die Vorstellung, einmal als Psychologieprofessor arbeiten und anderen dabei helfen zu können, mit Extremsituationen des Lebens konstruktiv umzugehen.
Im KZ hat Frankl seine Kameraden immer wieder ermutigt und sie an seiner Überzeugung partizipieren lassen, dass jedes Leben Sinn macht, auch in den schweren Stunden. Das heißt nicht, dass sich plötzlich alles zum Guten wenden wird. Aber dem Menschen bleibt nach Frankl noch bis zur letzten Minute des Lebens die freie Entscheidung, entweder innerlich zu resignieren oder aber sein Schicksal anzunehmen und es innerlich zu gestalten. Frankl berichtet von Menschen, die aufrechten Ganges in die Gaskammern von Auschwitz gegangen sind, manche mit einem Gebet auf den Lippen. Ihnen wurde alles Hab und Gut genommen, aber ihre Würde, die innere Freiheit und den Glauben konnte man ihnen nicht rauben.
Wie ist Viktor Frankl selbst mit schweren Verlusterfahrungen umgegangen? Einige Monate nach Kriegsende

hat er erfahren, dass auch seine Mutter und seine Frau im KZ ums Leben gekommen sind. Ein Brief an ein befreundetes Ehepaar gewährt einen Einblick in seinen damaligen Seelenzustand: »Ich bin unsäglich müde, unsäglich traurig, unsäglich einsam. Ich habe nichts mehr zu hoffen und nichts mehr zu fürchten … Im Lager glaubte man schon, den Tiefpunkt des Lebens erreicht zu haben – und dann, als man zurückkam, musste man sehen, … dass das, was einen aufrechterhalten hat, zunichte geworden ist …« Trotzdem nimmt er von seinem Sinnkonzept nichts zurück: »Im Gegenteil: hätte ich nicht diese felsenfeste positive Lebensauffassung – was wäre in diesen Wochen, ja schon in jenen Monaten des KZ aus mir geworden? Aber ich sehe die Dinge nun in einer weiteren Dimension. Ich sehe zunehmend ein, dass das Leben so unendlich sinnvoll ist, dass auch im Leiden und sogar im Scheitern noch ein Sinn liegen muss« (Es kommt der Tag, da bist du frei, S. 48f.). Neuen Lebensmut schöpft er ein gutes halbes Jahr später im Frühjahr 1946 durch die neue Beziehung zu einer Frau, die er bald darauf heiraten und mit der er 50 Jahre zusammen sein wird.
Viktor E. Frankl gilt als Vater der Logotherapie, die er schon vor seiner Zeit im Konzentrationslager entwickelt hatte. Wie das griechische *Logos* nicht nur »Wort«, sondern auch »Sinn« bedeutet, will die Logotherapie als therapeutischer Ansatz Menschen in schweren Lebenssituationen bei der Sinnsuche begleiten. Durch die eigene Zeit im Konzentrationslager fühlt Frankl sich in seiner Überzeugung bestätigt, dass sich selbst in schwersten Situationen ein Sinn im Leben entdecken lässt. Dieser Sinn kann sich seines Erachtens zum Beispiel in einer menschlichen Beziehung, einem erfüllenden Hobby oder auch einem religiösen Ideal erschließen. Auf der Basis dieser Prämisse erfährt zwar die *Warum*-Frage, die retrospektiv

eine Ursache etwa für ein bestimmtes Leid ergründen möchte, keine Antwort, vielleicht aber die Frage, *wozu* ein bestimmtes Ereignis im Leben gut war, und damit indirekt auch die Frage, welcher Sinn in einem bestimmten Widerfahrnis verborgen sein könnte. Worin dieser Sinn liegt, das muss nach Frankls Auffassung freilich jeder für sich entdecken und kann ihm nicht von außen vorgeschrieben werden.

Gemäß Frankls Ansatz muss kein Mensch der Verzweiflung anheimfallen, auch nicht angesichts schlimmster Leiderfahrungen. Aber stimmt das so pauschal? Menschen in einer abgrundtiefen Depression sind für die Sinnfrage kaum zugänglich, und niemand kann garantieren, dass sich in der Begleitung von und der Begegnung mit leidenden Menschen ein wie auch immer gearteter Sinn und ein Trost einstellen wird. Gleichwohl lassen sich einige Rahmenbedingungen nennen, die dazu beitragen können, dass Menschen durch helfende Begegnungen das Vertrauen in das Leben nicht gänzlich verlieren und sich ihnen vielleicht sogar auf die Frage nach dem *Wozu* eine persönliche Antwort erschließt. Hiervon wird im nächsten Kapitel die Rede sein.

2. Was beim Trösten helfen kann

Was kann dabei helfen, wenn man einen Menschen trösten möchte? Beim Trösten-Wollen kommt es zuallererst auf die richtigen Haltungen an: Respekt und Verständnis, Wohlwollen und Sympathie gehören auf jeden Fall dazu. Auch ein echtes Interesse am Gesprächspartner ist zu nennen, das nichts mit voyeuristischer Neugier gemein hat. Vor allem ist wichtig, dass sich das Gegenüber ernst genommen und nicht von oben herab behandelt fühlt. Taucht in einem tröstenden Gespräch ein Missverständnis oder eine Irritation auf, die die Kommunikation zu blockieren drohen, lässt sich das auf diesem Fundament ansprechen und häufig auch ausräumen.

Je natürlicher ein helfendes Gespräch verläuft, desto besser. Gewiss ist es hilfreich, wenn ein Mensch über psychologisches Know-how verfügt. Aber grundsätzlich sind helfende Gespräche ohne (pseudo-)psychologische Attitüde zu führen. Falls Methoden zur Anwendung gelangen, die sich jemand in Kursen zur Gesprächsführung angeeignet hat, darf das nicht aufgesetzt wirken. Ebenso fatal wäre eine Gesprächsstrategie, die für alle möglichen Fragen und Probleme Standardantworten bereithält; ein solches »Schubladendenken« wird dem Einzelnen in seiner einmaligen und manchmal auch vertrackten Situation in der Regel nicht gerecht.

Guter Trost funktioniert nicht nach Schema F und lässt sich nicht erzwingen. Manchmal hilft jemandem ein Wort weiter, das beiläufig gesprochen wurde, während ein Gedanke keine Resonanz findet, den man sich länger überlegt hat und selbst als wichtig und hilfreich erachtet. Kommunikationspsychologisch hat ein Mensch es grundsätzlich nicht in der Hand, was seine Worte und

Gesten beim Gegenüber auslösen, welche Erfahrungen und Bilder dadurch reaktiviert werden und ob sie für den andern existentiell relevant werden. Dies gilt auch für das Trösten. Das bedeutet nicht, sich aus Furcht, etwas Falsches zu sagen, jedweder Deutung oder jedweden Zuspruchs enthalten zu müssen, aber es führt kein Weg daran vorbei, diese offene Gesprächsstruktur zu akzeptieren und konstruktiv gestalten zu wollen. So kann eine Anregung oder ein konkreter Impuls ausdrücklich als Vorschlag vorgetragen werden; oder man fragt beim Gesprächspartner nach, ob er mit einem konkreten Gedanken etwas anfangen kann und welche Resonanz das Gesagte in ihm auslöst. Aus solchen Fragen kann sich eine gute Gesprächsdynamik entfalten. Fatal wäre es, einer Person vorschreiben zu wollen, wie sie einen Schicksalsschlag zu interpretieren hat. Ein solches Unterfangen provoziert eher Widerstände; es ist letztlich des Menschen unwürdig, weil jedwede Sinndeutung – und erst recht die religiöse – nur in Freiheit geschehen und angeeignet werden kann.

Wer kann trösten – wo und wann?

Grundsätzlich ist jeder Mensch zum Trösten fähig. Aus eigener Erfahrung heraus bringt wohl auch jede und jeder ein gewisses Grundgespür dafür mit, was in einer belastenden Situation als hilfreich und was als störend oder belastend empfunden wird. So kann es vor einem Gespräch mit Trauernden hilfreich sein, sich anhand folgender Fragen an Trauer- und Verlusterfahrungen im eigenen Leben zu erinnern: Wie habe ich mich seinerzeit gefühlt? Was hat mir geholfen und was hat mich genervt? Was hätte ich mir von anderen gewünscht?

Sosehr es stimmt, dass grundsätzlich jeder Mensch zum Trösten fähig ist, so wenig sind alle in jeder Situation gleichermaßen dazu geeignet. Wer einer konkreten Person zu nahe steht oder in ein auslösendes Ereignis selbst verwickelt ist, wird vermutlich eher selbst des Trostes bedürfen als andere trösten können. Manchmal sind die Partnerin, gute Freunde und Nachbarn vorzügliche Tröster, ein andermal sind ausgebildete Seelsorger und Seelsorgerinnen gefragt (vgl. Langenhorst, 269f.). Schwierig wird es dann, wenn in einem Gespräch einer der Kommunikationspartner eine irrational erscheinende Abneigung gegen den anderen verspürt und frühere negative Erfahrungen auf sein Gegenüber projiziert. Eine solche Antipathie wird tiefenpsychologisch als eine Übertragung gedeutet, die im Unbewussten verankert und für einen Betroffenen selbst schwer zu durchschauen ist. Zumindest professionelle Tröster wie Seelsorger und Psychologen müssen um solche Dynamiken wissen und sollten, schon um sich selbst zu schützen und nicht unnötig in einen Konflikt zu geraten, gut mit diesem Phänomen umgehen können.

Wie grundsätzlich jeder Mensch zu trösten fähig ist, so kann auch überall getröstet werden. Trost kann sich *en passant* – etwa beim Einkaufen, im Büro oder auf dem Schulhof – ereignen. Manchmal braucht es hierzu ein festes Setting, um ungestört zu sein und nicht durch Telefonanrufe, ankommende Mails u. Ä. beeinträchtigt zu werden. Gelingender Trost erzeugt eine emotionale Nähe und ist somit ein persönlicher, ja intimer Vorgang. Dies gilt es zu berücksichtigen, wenn beispielsweise in einem Mehrbettzimmer eines Krankenhauses andere Patienten mit im Raum sind; möchte einer der Patienten sich aussprechen, suchen Krankenhausseelsorger in Absprache mit dem Pflegepersonal nach Wegen, wie ein

Vier-Augen-Gespräch arrangiert werden kann. Trösten verlangt Takt und Diskretion. Menschen in kirchlichen Berufen wie Priester, Diakone, Pastoral- und Gemeindereferent(inn)en sind von ihrem Berufsethos her zur seelsorglichen Verschwiegenheit verpflichtet und dürfen sich vor Gericht auf ihr Zeugnisverweigerungsrecht berufen. Dasselbe Recht können Leute, die sich ehrenamtlich im Besuchsdienst engagieren oder am Arbeitsplatz eine Kollegin trösten, nicht für sich beanspruchen. Die Schweigepflicht gilt selbstverständlich nicht für Menschen, denen der Trost und die seelische Zuwendung eines anderen gelten. Erfahrungen mit dem sexuellen Missbrauch in der Kirche, bei dem Priester das ihnen entgegengebrachte Vertrauen auf schlimme Weise missbrauchten, haben hier zu einer erhöhten Achtsamkeit geführt. Dies gilt auch für subtilere Formen des geistlichen Machtmissbrauchs und der Manipulation, die sich unter dem Deckmantel der Seelsorge vollziehen können. Um diversen Fehlformen der Übergriffigkeit vorzubeugen, lautet der Grundsatz: Menschen, die seelsorglich begleitet werden, dürfen über alles, was besprochen wurde, mit anderen reden; erst recht dürfen sie alle tröstenden Gesten (wie die Hand halten oder in den Arm genommen werden) Außenstehenden gegenüber transparent machen.

Und wann darf getröstet werden? Damit ein Mensch für ein gutes Wort von außen überhaupt empfänglich ist, braucht es den richtigen Zeitpunkt. Wer in einer tiefen Depression steckt, ist kaum dafür ansprechbar. Ähnliches gilt für einen Menschen, der gerade einen nahen Angehörigen verloren hat und sich in der Schockphase befindet – wobei Letztere im Trauerprozess keineswegs so zwangsläufig ist, wie es die Trauerforschung bisweilen insinuiert. Bereits Johannes Chrysostomos, ein christlicher Theologe der Antike, hat davon gesprochen, dass ein guter Seelsorger ein »Kairosskopos« sein müsse, ein »Augenblicksspäher«. Chrysostomos meinte damit: Ein Seelsorger muss ein Gespür für den richtigen Augenblick, den *Kairos*, haben und wissen, wann man einen inhaltlichen Impuls setzen kann und wann es besser ist, damit zu warten oder ihn ganz für sich zu behalten.

In der Begegnung präsent sein

Für ein gutes Gespräch ist die Präsenz der Gesprächspartner unverzichtbar. Präsenz meint mehr als physische Anwesenheit. Zumindest unbewusst spürt ein Mensch, ob der andere wirklich präsent oder mit seinen Gedanken ganz woanders ist. Von der Präsenz eines Gesprächspartners hängt es ab, ob und inwieweit ein anderer sich öffnet. Auf diesem Hintergrund ist die biblische Erzählung vom brennenden Dornbusch aufschlussreich. In ihr teilt Gott dem Mose seinen Namen mit und offenbart sich als der »Ich-bin-da« (Ex 3,14) – ein Name, der höchste Präsenz signalisiert.

Die Haltung echter Präsenz ermöglicht es, sich in einen anderen Menschen einzufühlen und in einer Weise Verständnis aufzubringen, dass auch Nuancen in der Kommunikation aufmerksam wahrgenommen werden. Echtes Verständnis in dem zu erfahren, was einen belastet, erleben viele bereits als tröstlich. Diese beiden Tätigkeiten – den anderen wahrnehmen und ihn zu verstehen suchen – spiegeln sich ebenfalls in der biblischen Erzählung vom brennenden Dornbusch. Bevor Gott sein Volk aus der Knechtschaft Ägyptens in die Freiheit führt, heißt es, er habe das Elend seines Volkes »gesehen« und ihre laute Klage »gehört« (Ex 3,7). Und weiter: »Ich kenne ihr Leid« (ebd.). Das hebräische Wort *jada*, das hier mit »kennen« übersetzt ist, steht sonst für die intimste eheliche Gemeinschaft von Mann und Frau. Es sind sehr menschliche Vorstellungen, mit denen hier über Gott geredet wird; sie wollen letztendlich herausstellen, dass dem befreienden Handeln Gottes die Wahrnehmung und das Verständnis in hohem Maße vorausgegangen sind.

Für Menschen kann es trostreich sein, wenn ihrer Klage Gehör geschenkt wird. Beim Zuhören ist aufmerksam zu registrieren, was jemand zwischen den Zeilen sagt, welche Bilder und Vergleiche jemand verwendet und was Gestik und Mimik ausdrücken – und manchmal ist das besonders wichtig, was jemand nicht erzählt und weglässt. Durch empathisches Zuhören können der Schmerz und das Leid eines Menschen Anerkennung und Würdigung erfahren. Es kann auch eine Selbsterkundung fördern, bei der ein Mensch über sich, sein inneres Erleben und seine Situation mehr Klarheit gewinnt.

In der praktischen Seelsorge gewinnt man manchmal den Eindruck, dass die Seele eines Menschen in einem guten Erzähl- und Hörraum selbst die richtige Balance findet. So nimmt eine Person, deren negative Erfahrungen genügend Aufmerksamkeit bekommen haben, ab einem gewissen Punkt wieder die positiven Aspekte in den Blick, die unter der Decke der Belastung und der Enttäuschung verschüttet waren. Hierfür ein Beispiel: Eine Ehefrau klagt in einem Seelsorgegespräch ausführlich über bestimmte Charakterzüge ihres Mannes, die so unerträglich sind, dass sie manchmal an Scheidung denkt. Nach einer gewissen Zeit lenkt die Frau von sich aus den Fokus auf das, was er für sie bedeutet und warum sie ihn trotzdem nicht verlassen will. Am Ende hat sie zu einem differenzierten Bild der eigenen Situation gefunden und Klarheit über ihren weiteren Weg gewonnen.

Nähe und Distanz

Grundsätzlich ist in allen helfenden Beziehungen auf eine gute Balance zu achten, die darin besteht, sich vom Leid des anderen berühren zu lassen, ohne damit zu verschmelzen. Aufgrund einer bestimmten Persönlichkeitsstruktur, die Wolfgang Schmidbauer als »Helfersyndrom« bezeichnet, tendieren Menschen in helfenden Berufen manchmal dazu, sich mit dem Schmerz des anderen auf eine symbiotische Weise zu identifizieren. Es kann aber auch sein, dass jemand mit den Worten »Ich weiß, was du durchmachst« eine Empathie und Nähe vorgibt, die in Wirklichkeit nicht gegeben ist. Eine Scheinempathie und Pseudobetroffenheit lösen bei Menschen, die das spüren, einen faden Nachgeschmack aus. Beides kann sich in einer latenten Aggression auf den Gesprächspartner auswirken – oder schlichtweg darin, dass der vermeintliche Tröster nicht mehr für voll genommen wird. Ob ein Mensch in einer Begegnung, in der er einem anderen tröstend beistehen möchte, auch von eigenen Erfahrungen erzählen soll, hängt von der jeweiligen Beziehung ab. In einer langjährigen Freundschaft wird sich das anders gestalten als in der professionellen Eheberatung. Wichtig ist, dass sich die Aufmerksamkeit nicht auf den Begleiter verlagert, sondern ein leidender Mensch jenes Maß an Aufmerksamkeit erfährt, dessen er im Moment bedarf. Hinsichtlich der Frage, ob und wie viel man als Gesprächspartner von sich preisgeben soll, ist der Begriff der »selektiven Authentizität« aufschlussreich. Ruth Cohn, die Begründerin der Themenzentrierten Interaktion (TZI), hat ihn ins Spiel gebracht. Sie meint damit: Ich muss nicht alles von mir preisgeben; aber das, was ich sage, muss echt sein und stimmen.

Fatal ist es, wenn ein Begleiter das, was ihm anvertraut wurde, als Aufhänger benutzt, um ausführlich von eigenen Erfahrungen erzählen zu können, so dass das Gegenüber in seinem Erleben kaum mehr zu Wort kommt. Was im ersten Moment authentisch wirken mag, bedeutet im Grunde, den anderen für die eigenen Bedürfnisse zu missbrauchen. Zwar werden im Verstehensvorgang biographische Erfahrungen des Begleiters unwillkürlich wachgerufen; wer zum Beispiel einen Trauernden begleitet, erinnert sich spontan an eigene Verlusterfahrungen. Aber da in einer helfenden Beziehung der andere im Mittelpunkt des Interesses stehen soll, muss ein Begleiter seine eigene Erinnerung hintanstellen und sich ihm wieder zuwenden.

Bevor man in einer helfenden Begegnung auseinandergeht, ist genau abzuwägen, ob und wieweit man künftig für den anderen da sein kann und will. Was das konkret bedeutet, hängt ebenfalls von der Art der Beziehung ab. Als Grundsatz gilt: Keine falschen Versprechungen machen, aber gemachte Versprechen einhalten. Welche Konsequenzen es haben kann, sich mit einer Zusage zu übernehmen, veranschaulicht das folgende Beispiel: Eine Seelsorgerin hat ein offenes Ohr für eine Frau, die sehr niedergeschlagen ist. Am Ende des Gesprächs gibt sie ihr die private Handynummer und versichert ihr, jederzeit für sie da sein zu wollen. Die Frau nimmt die Seelsorgerin beim Wort und es kommt zu weiteren Telefonkontakten. Spätestens jedoch, als das Handy am Samstagabend klingelt, merkt die Seelsorgerin, dass sie ihr Versprechen nicht halten kann und es auch nicht weiter halten will.

Zur »Kunst des Tröstens« gehört die Fähigkeit dazu, sich abgrenzen zu können. Es mag aber auch Konstellationen geben, die einen über das übliche Maß hinaus verfügbar sein lassen. Auch hierfür ein Beispiel: Eine engagierte Frau aus der Gemeinde, die eine schwere Krebsoperation hinter sich hat, erzählt der Pastoralreferentin, jede Nacht von schlimmen Ängsten heimgesucht zu werden. Die Pastoralreferentin, die die Frau gut kennt, macht ihr das Angebot: »Wenn Sie möchten, dann rufen Sie mich nachts an und wir reden darüber.« Allein schon das Wissen, gegebenenfalls zum Hörer greifen zu dürfen, war für die Frau entlastend. Sie kannten sich gut genug, um zu wissen, dass das Angebot ernst gemeint war, und die Pastoralreferentin wusste, dass die Frau das Angebot nicht ausnützen würde. In Anspruch genommen hat sie es nicht.

Trauernde trösten

Menschen, die gerade eine ihnen nahe und liebe Person verloren haben, lässt man ein Zeichen der Anteilnahme zukommen. Hierfür hat sich in unserem Kulturkreis ein Ritual gebildet: das Kondolieren. Es entlastet den Einzelnen davon, selbst eine Form der Trauerbekundung erfinden zu müssen, was die allermeisten überfordern würde. Im Wort »kondolieren« steckt das lateinische Wort »dolor« (= Schmerz) mit der Vorsilbe »con«; es will ausdrücken, dass man den Abschiedsschmerz des anderen realisiert hat und daran Anteil nehmen will. Konkret vollzieht sich das Kondolieren dadurch, dass man der trauernden Person die Hand reicht und ihr dabei aufrichtige Anteilnahme zuspricht (häufig genau mit diesen Worten). Manche ziehen es vor, eine Trauerkarte zu schreiben, die dies ausdrückt.

Aus Sicht der trauernden Person erfolgt die eigentliche Phase der Trauerverarbeitung nach der Trauerfeier oder der Verabschiedung. Diese Phase nimmt häufig ein halbes oder ganzes Jahr in Anspruch. Früher wurde im Trauerjahr von den Angehörigen vielerorts erwartet, schwarze oder zumindest dunkle Kleidung zu tragen und sich bei ausgelassenen und fröhlichen Festen wie Fastnacht oder einer Hochzeit zurückzuhalten. Hinter dieser Konvention stand die Erfahrung, dass für die Trauerarbeit ein gewisser Schutz- und Rückzugsraum hilfreich ist. Niemand kann einem Trauernden diesen Prozess abnehmen, und bei jedem Menschen verläuft er anders. Studien belegen, dass Frauen anders trauern als Männer und Kinder anders als Erwachsene. In der Zeit der Trauerverarbeitung erleben Menschen solche Begegnungen als hilf- und trostreich, in denen ihnen Verständnis für ihre Gefühlslage widerfährt und sie sich mit ihrer verhaltenen oder gedrückten Stimmung nicht verstellen müssen. Dabei soll nicht verschwiegen werden, dass es für das Umfeld mitunter recht anstrengend ist, dieselbe Geschichte zum wiederholten Male erzählt zu bekommen; in solchen Situationen sollten Zuhörer den Widerstand und vielleicht auch die Aggressionen wahr- und ernst nehmen, die sich in ihnen regen, ohne dabei den Respekt vor der trauernden Person und ihrem Erleben zu verlieren.

In Zeiten der Trauerverarbeitung sind Menschen für die Sinnfrage des Lebens mehr als sonst empfänglich. Dies macht sich eine kleine religiöse Gruppierung zunutze, deren Mitglieder die Todesanzeigen der Lokalzeitung durchforsten, um trauernde Angehörige – vornehmlich Einsame und Alleinstehende – einige Wochen nach der Trauerfeier zu Hause aufzusuchen. Dabei verfolgen sie ein missionarisches Anliegen – was insofern fragwürdig ist, als das Trösten eigentlich ein Selbstzweck ist und ohne irgendwelche Hintergedanken erfolgen sollte. Gleichzeitig macht diese Strategie auf die Not und die Bedürfnisse von Menschen aufmerksam, die sich durch die Angebote der christlichen Kirchen zur Trauerpastoral nicht angesprochen fühlen und sich stattdessen anderen Sinnanbietern zuwenden.

Das Thema »Trauer« ist für Menschen immer dann relevant, wenn sie einen herben Verlust im Leben zu beklagen haben. Das Ende einer Partnerschaft oder einer Ehe wird manchmal genauso intensiv erlebt wie der Tod eines nahen Angehörigen oder auch eines geliebten Tieres. Hieran wird ersichtlich, wie existentiell wichtig Beziehungen für uns Menschen sind. Je mehr ein anderer mir bedeutet, desto schmerzhafter verläuft der Trauerprozess; die Redewendung »jemanden leiden können« gilt auch hier. Freilich stimmt ebenso: Je ambivalenter eine Beziehung war, umso emotional mehrschichtiger und diffuser wird ein Verlust erlebt, in dessen Verarbeitung sich neben Gefühlen wie Liebe und Dankbarkeit auch Wut, Hass und Aggression mischen können. Egal, worum ein Mensch trauert: In keinem Fall sollten solche vermeintlich negativen Gefühle in der Begleitung tabuisiert oder verurteilt werden; man sollte sie zunächst einmal gelten lassen, um dann gemeinsam darüber nachzudenken, wie damit konstruktiv umgegangen werden kann.

»Ich glaube, ich bin ein schlechter Tröster« (D. Bonhoeffer)

Manchmal fällt einem in einem helfenden Gespräch kein gutes und hilfreiches Wort ein, und auf Floskeln will man ebenso verzichten. Diese Erfahrung war auch dem evangelischen Theologen Dietrich Bonhoeffer (1906–1945) vertraut. In einem Brief, den er am 1. Februar 1944 an seinen Freund Eberhard Bethge geschrieben hat, bekundet er, dass sich im Gefängnis Menschen an ihn wandten, um Trost zu finden; dabei hat er sich oft als ohnmächtig erlebt:

»Unsere Ausgebombten kamen morgens zu mir, um sich ein bisschen trösten zu lassen. Aber ich glaube, ich bin ein schlechter Tröster. Zuhören kann ich, aber sagen kann ich fast nie etwas. Aber vielleicht ist schon die Art, in der man nach bestimmten Dingen fragt und nach anderen nicht, ein gewisser Hinweis auf das Wesentliche. Auch scheint es mir wichtig, dass eine bestimmte *Not* wirklich erlebt wird, als dass man irgendetwas verwischt und retouchiert. Nur gegen gewisse falsche Interpretationen der Not bin ich unnachsichtig, weil sie auch ein Trost sein wollen und doch ein ganz falscher sind. So lasse ich die Not *uninterpretiert* und glaube, dass das ein verantwortlicher Anfang ist, allerdings nur ein Anfang, über den ich sehr selten hinauskomme. Manchmal denke ich, der wirkliche Trost müsse ebenso unvermutet hereinbrechen wie die Not. Aber ich gebe zu, dass das eine Ausflucht sein kann« (Widerstand und Ergebung, S. 310).

Bonhoeffers ganze Theologie zeichnet sich durch einen starken Realitätsbezug aus. Bekannt ist sein (mündlich überliefertes) Wort aus der Zeit des Nationalsozialismus: »Nur wer für die Juden schreit, darf gregorianisch singen.« Durch seinen kompromisslosen Fokus auf die Wirklichkeit hat der evangelische Theologe dem immer wieder vorgebrachten Vertröstungsvorwurf der Religionskritiker von vornherein den Wind aus den Segeln genommen. Sein Realitätsbezug wirkt sich auch auf sein Seelsorgeverständnis aus. Suspekt sind ihm »falsche Interpretationen der Not«, die von der rauen Wirklichkeit ablenken und eine Sinndeutung vorgaukeln, die nicht gedeckt ist. Lieber zieht er es vor, die wahrgenommene Not »uninterpretiert« zu lassen.

Es sind Zweifel angebracht, ob Bonhoeffer tatsächlich der schlechte Tröster war, für den er sich gehalten hat. Die Tatsache, dass Menschen ihn immer wieder in ihrer Not aufgesucht haben, lässt vermuten, dass sie aus den Gesprächen mit ihm etwas mitgenommen haben. Immerhin verfügte er nach eigenen Worten über die Gabe des Zuhörens. Durch gutes Zuhören und präzise Fragen hoffte er, den Blick auf das Wesentliche zu lenken, was auch bedeuten kann, sich tastend jenem Trost zu öffnen, der menschlichem Zugriff entzogen ist. Durch eine seelsorgerliche Selbstbescheidung, die sich nicht in krampfhaften Trostbemühungen verfängt und psychodynamisch in Allmachtsphantasien gründet, kann das Wirken des »Ganz-Anderen« Raum bekommen. Insofern liegt in der Art von Seelsorge, die Bonhoeffer nur für einen »verantwortlichen Anfang« hielt, eine Weichenstellung, dass der »wirkliche Trost … unvermutet hereinbrechen« kann.

Trotzdem ist Bonhoeffers Unbehagen an der eigenen Trostpraxis verständlich. Wird die eigene Ohnmacht nicht durch hoffnungsfreudige Worte oder lebenspraktische Tipps kaschiert, bleibt häufig ein Gefühl des Unvermögens und der Unzufriedenheit. Gibt es einen Weg, mit diesem Dilemma verantwortungsvoll umzugehen? Es spricht nichts dagegen, dieses Unvermögen in einem helfenden Gespräch zu benennen und damit die Anregung zu verbinden, nach jenem gleichermaßen tröstenden wie unverfügbaren und befreienden Wort Ausschau zu halten, das den menschlichen Möglichkeitsraum übersteigt. In dem Maße, wie ein Mensch sich, wenn auch zögernd, darauf einlässt, geschieht ein Überstieg in ein größeres Vertrauen und damit in den Möglichkeitsraum der biblischen Verheißung hinein, der zufolge »denen, die Gott lieben, alles zum Guten gereicht« (Röm 8,29).

Denkbar ist auch, einem Menschen zu sagen, dass man, sofern er nichts dagegen hat, für ihn beten und eine Kerze in einer Kirche oder Kapelle anzünden wolle. Die Erfahrung zeigt, dass die allermeisten nichts dagegen einzuwenden haben, auch wenn sie sich selbst als Nicht-Gläubige oder Agnostiker sehen. Aber sie sind damit einverstanden, dass sich stellvertretend ein anderer für sie in den göttlichen Trost- und Verheißungsraum stellt, zu dem sie selbst gegenwärtig keinen Zugang zu haben glauben.

»Wenn ihr ein Wort des Trostes habt ...«

Das entscheidende Wort des Trostes muss einem zufallen. Das gilt für jene, die des Trostes bedürfen, als auch für jene, die sie begleiten. Das Bemühen, anderen ein gutes Wort zuzusprechen, darf nicht zum Geschwätz verkommen. In diesem Zusammenhang ist eine Begebenheit aus dem Neuen Testament aufschlussreich. In der Apostelgeschichte wird berichtet, dass Paulus und seine Begleiter auf einer ihrer Reisen am Sabbat den Gottesdienst der Synagoge von Antiochia aufsuchen; nach dem Wortgottesdienst laden die Synagogenvorsteher die Gäste dazu ein, ein paar Worte an die versammelte Gemeinde zu richten: »Brüder, wenn ihr ein Wort des Trostes für das Volk habt, so redet« (Apg 13,15). Diese Aufforderung ist bemerkenswert, denn sie signalisiert: Es ist keineswegs selbstverständlich, ein Wort des Trostes zu sprechen; bevor Paulus und seine Begleiter das Wort ergreifen, sollen sie sich prüfen, ob sie etwas zu sagen haben. Ansonsten – so die unausgesprochene Konsequenz – ist es besser, den Mund zu halten und zu schweigen.
Schaut man in den griechischen Originaltext, dann fällt auf: Das griechische Wort, das im Deutschen mit »Trost«

oder »Zuspruch« übersetzt wird, meint einerseits Aufmunterung, es kann aber auch Ermahnung bedeuten. Der letztgenannte Aspekt lässt aufhorchen und fragen, ob ein helfendes Gespräch wirklich der richtige Ort ist, einen Menschen zu ermahnen und ihn zu korrigieren. Ist das nicht ein Rückfall in direktive pastorale Verhaltensmuster früherer Zeiten? So berechtigt solche Rückfragen sind: Es sind Konstellationen denkbar, in denen eine solche Form der Intervention angezeigt ist. Zwei Beispiele aus dem Seelsorgealltag: Wenn ein Mann nichts dabei findet, seine Frau und die Kinder zu schlagen, dann wäre es seltsam, darauf nur mit Verständnis zu reagieren. Und wenn eine Person der Auffassung ist, selbst nichts wert zu sein, dann darf eine Seelsorgerin sie darauf hinweisen, dass sie in ihren Augen sehr wohl ein wertvoller Mensch ist.

Wenn helfende Gespräche möglichst »normale« Gespräche sind, dann kann mitunter dazugehören, einen Gedanken oder eine konkrete Überlegung einzubringen, von denen man ziemlich sicher weiß, dass der andere sie nicht gerne hören wird. Die Psychologie behandelt dieses Thema unter der Überschrift »Umgang mit Widerständen« und rät zur Behutsamkeit. Entschließt sich ein Gesprächspartner trotzdem hierzu, dann sollte er sich vorher Rechenschaft über seine Motivation gegeben und gefragt haben, ob dieser Gedanke dem anderen im Moment weiterhilft und der rechte Augenblick hierfür gegeben ist. In einer Grundhaltung, zu der gleichermaßen der Respekt und die Wahrhaftigkeit gehören, steht dem Begleiter ein innerer Kompass zur Verfügung, der ihn spüren lässt, ob – und wenn ja, auf welche Weise – es angemessen ist, auf diese Weise zu intervenieren.

»Wenn ihr ein Wort des Trostes habt, dann redet.« Die Alternative zum Reden ist das Schweigen. Ein guter

Umgang mit Schweigen und Pausen im Gespräch will ebenfalls gut gestaltet sein. Es miteinander schweigend auszuhalten ist ein Ausdruck von Vertrautheit. Lässt ein Begleiter Pausen und Stille im Gespräch bewusst zu, kann dies ein Zeichen dafür sein, sich in seinen Bemühungen nicht zu verabsolutieren und dem Wirken von Gottes Geist Raum geben zu wollen. Zur Kunst des Tröstens gehört die Unterscheidung dazu, um welche Form des Schweigens es sich handelt, und sich entsprechend zu verhalten. Es gibt ein unangenehmes Schweigen, das nur schwer zu ertragen ist; die Kommunikation fließt nicht und man fragt sich, woran das liegt. Es gibt aber auch ein gefülltes und dichtes Schweigen, das sich für einige Augenblicke einstellt, wenn einer Person auf der emotionalen Ebene eine wichtige Erkenntnis aufgeht (z. B., dass ein verstorbener Mensch unwiederbringlich nicht mehr da ist).

Das Trostwort als Intervention

Trösten ist ein vielschichtiger Vorgang. Es ist schon viel gewonnen, wenn sich ein Mensch in seiner Not verstanden und angenommen fühlt. Eine eigene und anspruchsvolle Form des Tröstens ist es, jemandem ein ausdrückliches Trostwort zuzusprechen oder ihm einen Rat zukommen zu lassen. In diesem Zusammenhang gibt der jüdische Brauch zu denken, dass Tröstende erst dann das Wort ergreifen durften, nachdem die Leidtragenden eingewilligt hatten (vgl. Langenhorst, S. 41). Dieser Brauch weiß darum, dass eine Intervention zum richtigen Zeitpunkt erfolgen muss und ein Begleiter nicht »mit der Tür ins Haus fallen« darf. Als Grundregel kann hier gelten: Jemand darf erst dann intervenieren, wenn das Erleben des anderen genügend Raum bekommen hat und der

Begleiter mit der Trauer oder Verzweiflung seines Gesprächspartners innerlich in Berührung ist. Ein guter Indikator hierfür ist, dass sich ihm intuitiv ein klares Gefühl oder inneres Bild einstellt, das sich auf das Gehörte bezieht.

Unter dieser Prämisse kann ein Wort, das sonst wie eine Floskel wirkt, etwas auf den Punkt bringen. Es ist nicht kategorisch auszuschließen, dass sich eine Redewendung wie »Die Zeit heilt alle Wunden« oder »Das Leben geht weiter« in einen Gesprächsverlauf sinnvoll einfügt; manche Redensarten sind religiös konnotiert (»Jeder von uns hat sein Kreuz zu tragen«). Fragwürdig wird es dann, wenn sie schubladenmäßig erfolgen oder dazu herhalten müssen, eine unangenehme Gesprächsatmosphäre zu kompensieren. Ähnliches gilt für den Rat, der bekanntermaßen teuer ist und von dem, der ihn gibt, ein gutes Maß an Lebensklugheit und Weisheit erfordert; was von außen betrachtet wie eine Bevormundung klingt, kann je nach Gesprächssituation hilfreich für die Zukunft sein. Damit ein Rat nicht bevormundend wirkt und die Eigenverantwortung des anderen geachtet bleibt, kann man einleitend sagen »Wäre es für Sie denkbar, dass …?« oder formulieren »Ich weiß, dass die Situation komplex ist, aber nach dem, was Sie mir bisher erzählt haben, würde ich an Ihrer Stelle vermutlich …«.

Diese Überlegungen treffen auch auf religiöse Motive zu, die ein Begleiter in einem Gespräch zur Sinndeutung anbietet. Je mehr ein bestimmtes Motiv dessen innerer Überzeugung entspricht, desto glaubwürdiger wirkt es und umso eher und mehr wird sich ein Gesprächspartner in der ihm eigenen Weise damit auseinandersetzen. So ist denkbar, dass einem Begleiter eine Person aus der Bibel in den Sinn kommt, von der er knapp erzählt, um seinen Gesprächspartner anschließend zu fragen, ob das etwas bei ihm auslöst: etwa Elija, der des Lebens überdrüssig in die Wüste geflohen ist (vgl. 1 Kön 19,1–8), oder Petrus, den ein schwerer Seesturm in panische Angst versetzt (vgl. Mt 14,22–33). Diese und andere biblische Personen laden zur Identifikation ein. In nicht wenigen Bibelstellen ist bereits eine Hoffnungsperspektive und damit ein Trostpotential angelegt, das je nach Situation ebenfalls thematisiert werden kann: Gott selbst lässt Elija in der Wüste eine Stärkung zuteilwerden, und Jesus kommt dem Petrus entgegen, um ihm und anderen »Fürchtet euch nicht« zuzusprechen. Manchmal fällt einem Begleiter auch ein Vers aus einem Kirchenlied oder ein Wort aus den Psalmen ein, die zur gerade geschilderten Situation zu passen scheinen.

Im 1. Kapitel war bereits vom Potential der Klage- und Feindpsalmen die Rede, die eine Sprachhilfe sein können, die eigene Trauer, Enttäuschung und Aggression ungeschminkt zu artikulieren. Der wohl bekannteste und beliebteste aller Psalmen ist mit Psalm 23 jedoch ein Vertrauenspsalm, der »Gute-Hirte-Psalm«. Mit seinen archaischen und kraftvollen Bildern spricht er viele an, gerade weil er das Leben mit seinen Ambivalenzen nicht schönredet. Er erwähnt das finstere Tal, das der Beter zu durchwandern hat, und die Feinde, die sein Leben bedrohen. Doch letztlich behalten Hoffnungsbilder die Oberhand: die grünen Auen, der Ruheplatz am Wasser, das mit Öl gesalbte Haupt und der gefüllte Becher. In ihnen drückt sich die Zuversicht aus, dass Gott als der gute Hirte trotz aller Aporien und Unwägbarkeiten des Lebens für die Seinen sorgen wird. Das Potential dieses Vertrauenspsalms hat schon Immanuel Kant angerührt, dem die Worte zugeschrieben werden: »Ich habe in meinem Leben viele kluge und gute Bücher gelesen. Aber ich habe in ihnen allen nichts gefunden, was mein Herz so still und froh gemacht hätte wie die vier Worte aus dem 23. Psalm: ›Du bist bei mir.‹«

Humor beim Trösten

Auch der Humor hat beim Trösten einen Platz. Nicht im Sinne einer oberflächlichen Bespaßung, um jemanden aus seiner Niedergeschlagenheit herauszuführen; grotesk wirkt schon allein die Vorstellung, einen Menschen in einer tiefen Depression durch das Erzählen von Witzen aufheitern zu wollen. Doch manchmal kommen in einem Trauergespräch schöne Erinnerungen, Sätze oder Angewohnheiten einer verstorbenen Person zur Sprache, die beide Seiten lachen oder zumindest schmunzeln lassen. Solches Lachen oder Schmunzeln schafft automatisch eine gewisse Distanz zur erdrückenden Schwere der Situation. Zugleich vertieft ein gemeinsames Lachen die Beziehung der Gesprächspartner, wie es umgekehrt bereits einen Grundstock an Vertrautheit und Sympathie voraussetzt.

Die Art des Humors sollte sowohl dem Begleiter entsprechen als auch seinem Gegenüber und der konkreten Situation angemessen sein. Es versteht sich von selbst, dass Scherze auf Kosten anderer, schlüpfrige Zoten oder zynische Bemerkungen nicht in eine tröstende Begegnung gehören. Auch Ironie, die in Gesprächen unter Freunden ihren Platz haben mag, wirkt in einem tröstenden Gesprächskontext irritierend und ist hier unangemessen. Am ehesten wird ein feiner oder feinsinniger (und oftmals leiser) Humor passend sein, der Menschen einen tieferen und gleichermaßen liebevollen Blick auf die Wirklichkeit werfen lässt. Wer als Begleiter über diese Gabe verfügt, für den gibt es keinen Grund, sie anderen in einem helfenden Gespräch vorenthalten zu müssen.

3. Wenn Gott tröstet

In den bisherigen Überlegungen lag der Fokus auf der Person des Trösters und ihren Trostbemühungen. Dabei hat sich gezeigt, wie relativ menschliche Trostbemühungen sind und dass eine Trosterfahrung nicht erzwungen werden kann. Dietrich Bonhoeffer hat dies deutlich gespürt, als er den »wirklichen Trost« von Gott ersehnte. In diesem Kapitel wird ein Perspektivenwechsel vorgenommen und gefragt: Was hat es mit diesem »wirklichen Trost« auf sich und wie kann er sich ereignen? Was geht in einem Menschen vor, den ein solcher Trost ereilt?

Über den »wirklichen Trost« mutmaßte Bonhoeffer, dass er »unvermutet« über einen Menschen hereinbricht, wenn niemand damit rechnet. Durch diese Art von Trost muss sich an den äußeren Gegebenheiten nichts ändern, aber er bewirkt, dass man sich in der Not getragen weiß und die Widerwärtigkeiten des Lebens auszuhalten vermag, ohne daran zu verzweifeln. Weil ein solcher Trost unverfügbar ist, empfinden ihn gläubige Menschen als ein Geschenk, das ihnen von Gott her widerfährt.

Biographisch lässt sich dies am Jesuiten Alfred Delp ablesen. Delp wurde am 10. Januar 1945 vom Volksgerichtshof zum Tode verurteilt. Einen Tag später schrieb er mit gefesselten Händen aus der Haft im Gefängnis Berlin-Tegel: »Bis jetzt hat mir der Herrgott sehr herrlich und herzlich geholfen. Ich bin noch nicht erschrocken und noch nicht zusammengebrochen. Die Stunde der Kreatur wird schon auch noch schlagen. Manchmal kommt eine Wehmut über mich, wenn ich an das denke, was ich noch tun wollte. Denn jetzt bin ich ja erst Mensch geworden, innerlich frei und viel echter und wahrhafter, wirklicher als früher« (Briefe aus dem Gefängnis, S. 107).

Für Delp, der es vorher anderen mit seiner sehr selbstbewusst auftretenden Art nicht immer leichtgemacht hatte, ist die Zeit im Gefängnis ein Läuterungsprozess, der ihn zu einer tieferen inneren Wahrhaftigkeit und Umkehr führte. Rückblickend resümiert er: »Ich bin vielen vieles schuldig geblieben. Denen ich wehe getan, sie mögen mir verzeihen. Ich habe gebüßt. Zu denen ich unwahr und unecht war, sie mögen mir verzeihen. Ich habe gebüßt. Zu denen ich anmaßend und stolz und lieblos war, sie mögen mir verzeihen. Ich habe gebüßt. O ja, in den Kellerstunden, in den Stunden der gefesselten Hände des Körpers und des Geistes, da ist vieles zerbrochen. Da ist vieles ausgebrannt, was nicht würdig und wertig genug war« (S. 111f.) Am Nachmittag des 2. Februar 1945 wird Alfred Delp im Todesschuppen von Berlin-Plötzensee hingerichtet. Den Gang zum Galgen ist er erhobenen Hauptes gegangen. Der Gefängnispfarrer, der ihn begleitet, berichtet später, Delp habe ihm kurz vor der Hinrichtung »in fröhlicher Gelassenheit« gesagt: »Ach Herr Pfarrer, in einer halben Stunde weiß ich mehr als Sie.«

Delp rechnete damit, dass ihn die »Stunde der Kreatur«, gemeint ist ein Gefühl tiefer Verzweiflung, irgendwann überkommen werde. Immer wieder musste er sich nach eigenem Bekunden »gegen den Schmerz und die Wehmut wehren, die mich anfallen wollen« (S. 110). Gleichzeitig durfte er »Tröstungen beim Gebet und beim Opfer« und »Gnadenstunden vor dem Tabernakel« (S. 108) erleben. Letztendlich hat bei ihm eine Art von Zuversicht die Oberhand behalten, die sich nicht menschlichen Anstrengungen allein verdankt (weder der eigenen Person noch der anderer), sondern einer anderen geheimnisvollen Kraft entspringt. Delp war sich dessen bewusst, dass diese Zuversicht kein Besitz ist, über den er ein für alle Mal verfügt; sie war und blieb fragil wie ein »Schatz in zerbrechlichen Gefäßen« (1 Kor 2,7). Hier wird eine inhaltliche Differenz zu Viktor E. Frankls KZ-Bericht »… *trotzdem* Ja zum Leben zu sagen« sichtbar: Während es für Frankl in der Entscheidungsfreiheit und am Willen des Einzelnen liegt, entweder zu resignieren oder sein Schicksal innerlich zu gestalten, kann aus der Perspektive Delps ein Mensch Gott um die Haltung der Zuversicht bitten, darum ringen und sich dafür verfügbar halten; letztlich aber ist sie Gnade.

Es kommt immer wieder vor, dass Menschen in ihrer Not und Trauer keinen Trost empfinden und ihnen trotz guten Willens und religiöser Anstrengung die Erfahrung von Gottes Nähe vorenthalten bleibt. Dabei wäre es falsch, zu denken, dass diejenigen, die Gottes Trost spüren, ihm näher seien als jene, die seine Gegenwart nicht erleben. Das beste Gegenbeispiel ist Mutter Teresa von Kalkutta (1910–1997; vgl. Müller, 2016); dieses Vorbild an Nächstenliebe musste jahrzehntelang bis zum Lebensende in einem Gefühl abgrundtiefer Gottesferne und eisiger innerer Dunkelheit leben. Sie hat lange gebraucht, bis sie verstanden hat, dass dieses Empfinden ein integraler Teil ihrer Berufung ist, der sie mit jenen solidarisch sein ließ, denen Gott ebenso fern war wie ihr.

Vertrauen als elementare Haltung

Echten Trost zu erfahren hat viel mit Vertrauen zu tun. Diese Fähigkeit trägt entscheidend dazu bei, dass ein Mensch nicht verzweifelt und sich trotz schlimmer Lebensumstände ein gewisses Maß an Zuversicht bewahrt oder zurückerobert. Aus entwicklungspsychologischer Sicht entsteht ein solches »Sich-verlassen-Dürfen« (so der Psychoanalytiker Erik H. Erikson) im ersten Lebensjahr.

In dieser sehr frühen Lebensphase werden die Weichen gestellt, ob ein Mensch in seinem Leben eher von einem Grund-Vertrauen oder dem Gegenpol, einem Grund-Misstrauen, bestimmt sein wird. Wichtige Aspekte der Persönlichkeit wie die Identitätsbildung oder die Fähigkeit zu Intimität, die sich später im Leben entwickeln, fußen hierauf. Das Vertrauen ist somit deutlich tiefer in der Persönlichkeitsstruktur verankert als das rationale Denken, dem die »Warum-Frage« zuzurechnen ist, welche aber letztlich keine intellektuell befriedigende Antwort findet (s. o. Kap. 1).
Die innere Haltung von Vertrauen oder Misstrauen bestimmt so gut wie alle Lebensbereiche wie ein Plus oder Minus vor der Klammer. So lassen sich das Vertrauen zu sich, den Mitmenschen und ins Leben sowie das Gottvertrauen nicht strikt voneinander trennen; wer anderen Menschen permanent mit Misstrauen begegnet, wird es auch Gott gegenüber tun. Von daher liegt in der Lebensmaxime des Gründers der ökumenischen Gemeinschaft von Taizé, Frère Roger, eine tiefe Wahrheit: »Wäre das Vertrauen des Herzens aller Dinge Anfang, du kämst weit, sehr weit.«
Der Glaube an Gott hat viel mit Vertrauen zu tun und vermag einen Menschen tief zu prägen. Hier ist eine Unterscheidung aus der Theologie aufschlussreich, die zwischen dem Glaubensakt und den Glaubensinhalten unterscheidet. Die Glaubensinhalte sind je nach Religion und Weltanschauung verschieden; das christliche Glaubensbekenntnis unterscheidet sich in zentralen Inhalten von dem, woran ein Hindu, ein Buddhist oder ein Freimaurer glaubt. Anders der Glaubensakt: Er meint ein existentielles Sich-auf-Gott-Verlassen. Der biblische Abraham ist der Prototyp des Glaubensaktes, weil er Gott geglaubt und auf dessen Wort hin aus der vertrauten

Heimat in ein fremdes Land aufgebrochen ist (vgl. Gen 12,1–4a). Die drei abrahamitischen Religionen Judentum, Christentum und Islam berufen sich auf ihn und verehren ihn als den »Stammvater aller Glaubenden«. Ausnahmslos jeder Mensch kann sich in schwierigen Lebenssituationen durch einen Akt tiefen Vertrauens getragen und getröstet fühlen. Die Basis eines solchen Vertrauens ist für Juden, Christen und Muslime der Gott, an den sie glauben, während Menschen, die sich als Atheisten oder als Agnostiker verstehen, kein vergleichbares letztes Fundament nennen können, auf das oder den sie sich letztlich verlassen. Trotzdem kann ihr Grundvertrauen ins Leben aufgrund ihrer psychischen Disposition und biographischer Erfahrungen genauso oder noch stärker ausgeprägt sein als das von Menschen, die an einen persönlichen Gott glauben.

Der Impuls Karl Rahners

Es war vor allem der Jesuit Karl Rahner (1904–1984), der in seiner Theologie zeit seines Lebens um die Frage gerungen hat, wie das Vertrauen-Können und der Glaube an Gott innerlich zusammenhängen. Aus seiner Theologie ergeben sich aufschlussreiche Hinweise darauf, wie ein Mensch Trost durch Gott erfahren kann.
Für Rahner ist und bleibt Gott das abgrundtiefe Geheimnis und damit der »Ganz-Andere«. Deshalb hält er es für verwegen, Gott verstehen oder gar definieren zu wollen. Damit liegt er auf einer Linie mit Augustinus, der bereits vor 1600 Jahren formuliert hat: »Und wenn du ihn begriffen hast, dann ist es nicht Gott« (Sermo 117,5). Weil Gott ein Geheimnis ist, teilt Rahner auch jedem Bestreben eine Absage, mittels des Gottesglaubens, der Theologie oder der Philosophie auf die großen

Fragwürdigkeiten des Lebens eine rational plausible Antwort geben zu wollen.

Ähnlich wie Gott bleibt auch der Mensch ein Geheimnis. Aber jeder Mensch verfügt für Rahner über eine Art Antenne, die ihn auf die Transzendenz und damit auf das unbegreifliche Geheimnis, das gläubige Menschen Gott nennen, immer schon ausgerichtet sein lässt. Diese Verwiesenheit vollzieht sich in vielen alltäglichen Situationen, in denen sich ein Mensch in einem Akt des Vertrauens selbst übersteigt. In den existentiellen Grunderfahrungen des Lebens, unter denen die Liebe und der Tod herausragen, kommt das besonders zum Tragen. In der Erfahrung personaler *Liebe*, in der sich ein Mensch absolut und bedingungslos angenommen weiß und selbst »in unbegreiflicher Kühnheit die gewusste Fragwürdigkeit des anderen überspringend« ebenso liebt, vollzieht sich für Rahner, dass »diese Liebe in ihrer Absolutheit einem Grund vertraut, der ihr selbst nicht mehr untertan ist«. Und dass der Tod, der einen schweigend anblickt, gerade dann nicht tötet, wenn er innerlich angenommen wird, »sondern selbst verwandelt, befreit in die Freiheit, die sich auf nichts mehr beruft und stützt, so aber unbedingt wird« (Gotteserfahrung heute, S. 144). Rahner erwähnt noch weitere existentielle Erfahrungen wie die Freude, die Treue, das Schöne oder eine ausweglose Schuld, die plötzlich und unbegreiflich vergeben ist (ebd.). Aber auch in vielen täglichen Herausforderungen kann sich ein Mensch vertrauend, hoffend und liebend auf jenes abgrundtiefe Geheimnis verlassen und auf den hin übersteigen, der für glaubende Menschen Gott heißt.

Um hier an Rahner anzuknüpfen: In dem Moment, in dem die Zuversicht und das Vertrauen an die Stelle der Verzweiflung und der Angst treten, ereignet sich auch eine Trosterfahrung. In diesem Überstieg liegt etwas Geheimnisvolles und Wunderbares, das Leute, die andere begleiten und die dies mitbekommen, bisweilen ehrfürchtig staunen lässt. Neben Seelsorgern und Seelsorgerinnen wissen auch Psychotherapeuten hierum. Diesen Überstieg vollzieht eine Person in innerer Freiheit; dies erklärt wiederum die sehr relative und manchmal auch kontraproduktive Bedeutung von Appellen und Ratschlägen, von manipulativen Einmischungsversuchen ganz zu schweigen.

Einen solchen Sprung des Vertrauens vollzieht jeder Mensch in seinem Leben immer wieder aufs Neue, und er ist nicht an einen ausdrücklichen Gottesglauben gebunden. Auch Leute, die noch nie etwas vom Christentum gehört haben oder mit dessen Glaubensinhalten nichts anzufangen wissen, verlassen sich in Akten des Vertrauens (und damit auch des Glaubens) immer schon auf das absolute Geheimnis, das für Gläubige der Gott und Vater Jesu Christi ist. Diese Fähigkeit, die jeden Menschen immer schon auf das Geheimnis und den Urgrund des Lebens ausgerichtet sein lässt, nennt Rahner in theologischer Fachterminologie ein »übernatürliches Existential«. Er meint damit: Diese Disposition, sich vertrauend auf etwas Größeres hin zu verlassen, ist mit dem Menschsein unwillkürlich gegeben und ereignet sich immer wieder, besonders aber in Situationen existentieller Herausforderung. Zum anderen – und hier argumentiert Rahner als Theologe – ist sie für ihn »übernatürlich«. Der Mensch wirkt bei diesem Geschehen zwar auf seine Weise mit, aber er kann diesen Überstieg in das Vertrauen und letztlich auch in den Trost hinein nicht aus eigener Kraft leisten, sondern ist immer auch auf Gottes Gnade angewiesen. Damit erweist sich echter Trost auch als eine Gabe, die von Gott erbeten und erfleht werden kann, und es ist nachvollziehbar, wenn Menschen, die es schwer im Leben haben, Gott um diesen Trost und diese Zuversicht bitten oder andere es stellvertretend für sie tun.

Rahners Denkansatz hat kritische Rückfragen ausgelöst: Wenn letztlich das Vertrauen das Entscheidende im Leben ist, braucht es dann überhaupt noch den Glauben an Gott und an Jesus? Als Antwort auf diesen Einwand würde Rahner zunächst auf den allgemeinen Heilswillen verweisen, der besagt: Weil Gott die Liebe ist, meint er es gut mit allen Menschen, und er lässt auch jene nicht verloren gehen, die noch nie etwas von ihm gehört haben oder einer anderen Religion und Weltanschauung angehören. Dabei steht für Rahner außer Frage, dass Jesus »der Weg, die Wahrheit und das Leben« (Joh 14,6) ist. Weil Gott Jesus Christus in seiner Treue am Karfreitag nicht dem Tod überlassen hat, ist Letzterer der Garant dafür, dass ein existentielles Grundvertrauen auch in den Abgründen des Lebens berechtigt ist.

Auch die Heilige Schrift, die Sakramente und andere Rituale, religiöse Orte und Lieder wollen auf je unterschiedliche Weise Menschen dabei helfen, in dieses Vertrauen hineinzufinden, das sie vor Verzweiflung bewahrt und ihre Hoffnung stärkt, damit sie – um das alte missverständliche Wort zu benutzen, das für dieses Vertrauen steht – das Heil erlangen. Von diesen Trost-Instanzen ist im Folgenden die Rede.

Trost durch ein Wort der Schrift

Aus jüdisch-christlicher Perspektive ist die Bibel kein Buch wie jedes andere. Sie gilt als Heilige Schrift, bei deren Entstehung neben einem menschlichen Verfasser auch Gott als »Autor« mitgewirkt hat. Dieser göttliche Ursprung verleiht ihr eine besondere Autorität. In der

Liturgie wird sie eigens verehrt und es wird aus ihr vorgelesen. Bei Gläubigen aller Konfessionen genießt sie große Wertschätzung und schenkt ihnen in schwierigen Situationen Orientierung. Manchmal trifft Menschen ein Bibelvers oder eine biblische Erzählung mitten ins Herz und sie fühlen sich getröstet; so ist es bereits den Emmaus-Jüngern ergangen, als Jesus ihnen unterwegs den Sinn der Schrift erschloss (vgl. Lk 24,32).

In der Bibel selbst ist an diversen Stellen ausdrücklich davon die Rede, dass Gott ein tröstender Gott ist. In Jes 66,13 verweist er auf seine mütterlich-tröstende Seite: »Wie einen Mann, den seine Mutter tröstet, so tröste ich euch.« Einige Kapitel zuvor ergeht beim Propheten Jesaja der Aufruf: »Tröstet, tröstet mein Volk« (Jes 40,1). Manch einer hat bei diesem Schriftwort die Eröffnungsarie aus dem »Messias« von Georg Friedrich Händel im Ohr, der diesen Vers einfühlsam vertont hat. Auch im Neuen Testament ist das Trösten Thema. In der Bergpredigt gilt die zweite Seligpreisung ausdrücklich den Trauernden: »Selig die Trauernden, denn sie werden getröstet werden« (Mt 5,4). Dieser Trost geschieht für den Apostel Paulus durch göttliches und menschliches Zusammenwirken. Denn der »Vater des Erbarmens und Gott allen Trostes« ermächtigt Menschen dazu, den ihnen widerfahrenen Trost anderen weiterzugeben. »Er tröstet uns in all unserer Not, damit auch wir die Kraft haben alle zu trösten, die in Not sind, durch den Trost, mit dem auch wir von Gott getröstet werden« (2 Kor 1,3f.). Menschliche Trostbemühungen haben somit ihr Recht, weil sie in jenem Trost gründen, der von Gott selbst kommt.

Über diese und andere »Trost«-Stellen in der Bibel hinaus versteht sich der christliche Glaube als »Frohe Botschaft« (so die Übersetzung des griechischen Worts »Evangelium«) und die Bibel insgesamt als ein Trostbuch.

Es ist eine schöne und bewährte Praxis in der evangelischen Kirche, jedem Konfirmanden und jeder Konfirmandin bei der Konfirmation einen Bibelspruch persönlich zu überreichen, der ihn oder sie zeit seines Lebens begleiten soll. Viele evangelische Christen können ihren Konfirmationsspruch auswendig und halten ihn in Ehren; in schwierigen Lebenssituationen gibt er ihnen Halt. Manchmal wird katholischerseits in ähnlicher Weise bei Taufen und Hochzeiten ein Tauf- oder ein Brautspruch verwendet.

Die Welt und die Menschen sind aus christlicher Perspektive kein dem blinden Spiel der Kräfte entsprungenes Zufallsprodukt, sondern die Welt wird als Gottes gute Schöpfung begriffen, die auf ein Ziel zusteuert. Auch wenn »die gesamte Schöpfung bis zum heutigen Tag seufzt und in Geburtswehen liegt« (Röm 8,22): letztendlich wird alles gut. Ganz am Schluss der Heiligen Schrift steht die Verheißung, dass Gott einmal alle Tränen von den Augen der Menschen abwischen wird: »Der Tod wird nicht mehr sein, keine Trauer, keine Klage, keine Mühsal. Denn was früher war, ist vergangen« (Offb 21,4).

Gottes Wort ist wirkmächtig und wird sein Ziel erreichen. Davon ist bereits der Prophet Jesaja überzeugt, demzufolge das Wort, das Gottes Mund verlässt, nicht leer zu ihm zurückkehren wird, »ohne zu bewirken, was ich will, und das zu erreichen, wozu ich es ausgesandt habe« (Jes 55,11). Freilich zeigt die Erfahrung, dass es immer wieder Widerstände ganz unterschiedlicher Art gibt. Im neutestamentlichen Gleichnis vom Sämann (Mk 4,1–9) rechnet Jesus selbst damit, dass Gottes Wort bei einem Gutteil der Hörerschaft sein Ziel verfehlen wird. Ein möglicher Grund ist für ihn, dass die »Sorgen der Welt« (Vers 19) das ausgesäte Wort erstickt haben. Tatsächlich können einem Menschen die Sorgen über den Kopf wachsen und ihn so in Beschlag nehmen, dass es ihm unmöglich erscheint, sich dem Wort Gottes vertrauensvoll zu öffnen.

Trost durch die Sakramente

Gemäß dem Selbstverständnis der römisch-katholischen, aber auch der orthodoxen Kirche sind die Sakramente die bevorzugte Weise, wie Gott tröstet. Damit relativieren und entlasten sie menschliche Trostbemühungen und wirken einem pastoralen Hyperaktivismus entgegen. Eine ihrer Stärken liegt darin, dass sie als rituell-liturgisches Handeln mit sinnenfälligen Zeichen und Gesten (wie dem Übergießen mit Wasser oder der Salbung mit Öl) Menschen über den kognitiven Bereich hinaus ansprechen und sie ganzheitlich berühren.
Traditionell versteht die Theologie ein Sakrament als ein heiliges Zeichen, das beinhaltet und bewirkt, was es anzeigt. Zum Beispiel die Eucharistie: Für Gläubige beinhaltet sie, dass Jesus unter den Zeichen von Brot und Wein gegenwärtig ist, und sie bewirkt, dass diejenigen, die davon essen und trinken, zu einer neuen Gemeinschaft werden. Freilich birgt die genannte Definition die Gefahr in sich, die Sakramente wie einen Automatismus zu verstehen und die notwendige innere Beteiligung eines Empfängers außer Acht zu lassen. Um eine solche Engführung zu vermeiden, hebt die Liturgiekonstitution des Zweiten Vatikanischen Konzils hervor, dass die Sakramente den Glauben zwar nähren und stärken, ihn aber auch voraussetzen und anzeigen (Art. 59). Mit dieser Sichtweise hat das Konzil davon Abstand genommen, ausschließlich die äußere Wirkkraft eines Sakraments zu betonen, die in der Praxis dazu tendierte, möglichst viele

Menschen mehr oder weniger freiwillig zum Empfang eines Sakraments zu bewegen. Das Konzil hat hingegen einen Impuls der reformatorischen Theologie aufgegriffen und betont, dass die Sakramente den Glauben auch voraussetzen und anzeigen. Denn ohne ein gewisses (und vielleicht nur marginales) Maß an gläubiger Zustimmung bleibt ein Sakramentenempfang äußerlich und wird sich nicht tröstend auswirken.
Unter der Prämisse jedoch, dass Sakramente den Glauben sowohl voraussetzen als auch stärken, erweisen sie sich als performative Akte, die tatsächlich bewirken, was sie anzeigen. Die Erfahrung zeigt, dass die Sakramente für den, der sich auf sie einlassen kann, eine Kraftquelle sind. Ähnliches gilt auch für ein sogenanntes Sakramentale wie die Trauerfeier oder die Beerdigung. In kaum einer Situation sind Menschen verletzlicher, aber auch seelsorglich empfänglicher, als wenn sie von einer ihnen nahen Person Abschied nehmen müssen. Deshalb sollte eine einfühlsame Trauerpastoral, die mit einer ansprechend gestalteten Trauerliturgie einhergeht, für Seelsorger und Seelsorgerinnen eine sehr hohe Priorität haben.
Die beiden Sakramente, die als besonders trostreich erlebt werden, sind die Beichte und die Krankensalbung. In der *Beichte* als dem Sakrament der Versöhnung bekennt ein Mensch seine Sünden und ihm wird durch den Priester Gottes Vergebung »auf den Kopf hin« zugesagt. Dieses Sakrament nimmt die Tatsache ernst, dass das Schuldigwerden zum Menschensein dazugehört, aber dass sich niemand nur über seine Fehler definieren muss und dass ein Neuanfang immer möglich ist, mag die Schuld auch noch so groß sein. Gegen die Tendenz, die Schuld zu verdrängen, bietet die Beichte einen Raum des konstruktiven Umgangs mit ihr. Auch wenn ein

Mensch sich immer wieder in denselben Sünden und Verhaltensmustern verfängt: Die Beichte entlastet von der Vorstellung, perfekt sein zu müssen, und vermag in einer Face-to-Face-Begegnung die Erfahrung zu schenken, mit der eigenen Schwäche angenommen und geliebt zu sein.

Die *Krankensalbung,* früher »Letzte Ölung« genannt, wurde lange Zeit als genuines Sterbesakrament verstanden. Noch vor gut einer Generation war in Todesanzeigen katholischer Gegenden die Wendung »versehen mit den Tröstungen unserer Kirche« zu lesen, um nach außen zu signalisieren, dass die verstorbene Person vorher noch die Krankensalbung empfangen hatte. Freilich wurde Sterbenskranken um ihres vermeintlichen Seelenheiles willen der Empfang der »Letzten Ölung« nicht selten aufgedrängt und ihnen dadurch unmissverständlich signalisiert, dass ihre letzte Stunde bald geschlagen habe und der Sensenmann schon vor der Tür stehe. Noch heute haftet diese Hypothek der Krankensalbung an, weshalb das Angebot, sie zu empfangen, bei nicht wenigen Menschen mit einer katholischen Sozialisation heftige Widerstände auslöst.

Dabei verfügt auch dieses Sakrament, das seit dem Zweiten Vatikanischen Konzil nicht mehr als eigentliches Sterbesakrament verstanden wird, über ein enormes Trostpotential. Durch den Empfang der Krankensalbung will Gott dem Kranken helfen und beistehen, ihn retten und aufrichten (so die Spendeformel). Dies schließt die Hoffnung auf gesundheitliche Besserung mit ein. Vor allem enthält sie die Bitte, dass ein Kranker nicht der Verzweiflung anheimfallen möge und mit Vertrauen seinen Weg weitergehen kann; denn er ist von Gottes Liebe gehalten, gleich was passiert. Folglich sind nicht nur Sterbenskranke in äußerster Lebensgefahr die Adressaten der

Krankensalbung, sondern der richtige Zeitpunkt zu ihrem Empfang ist aus Sicht des letzten Konzils dann gekommen, »wenn der Gläubige beginnt, wegen Krankheit oder Altersschwäche in Lebensgefahr zu geraten« (Liturgiekonstitution, Art. 73). Über physische Krankheiten hinaus ist hier auch an psychische Krankheiten wie z. B. eine schwere Depression zu denken.

Trost an besonderen Orten

Das Judentum und der Islam sind typische Wallfahrtsreligionen: In biblischer Zeit sollte ein gläubiger Israelit dreimal im Jahr zum Jerusalemer Tempel wallfahren (vgl. Ex 23,14–17), und bis heute ist es die Pflicht eines jeden gläubigen Moslem, nach Möglichkeit einmal im Leben nach Mekka gepilgert zu sein (Koran, Sure 3,97). Dagegen sind im Christentum heilige Orte von nachgeordneter Bedeutung. Denn dessen Mitte ist die konkrete Person Jesus von Nazareth. Selbst die Grabes- und Auferstehungskirche in Jerusalem, wo das zentrale christliche Heilsereignis lokalisiert wird, hat für Christen nicht annähernd die Bedeutung wie Mekka oder Medina im Islam. Diese Relativierung heiliger Orte ist bereits im Neuen Testament grundgelegt. Bezeichnend ist ein Gespräch, das Jesus mit der Frau am Jakobsbrunnen geführt hat (Joh 4,6–26); als die Frau ihn nach dem richtigen Ort der Gottesverehrung fragt, hält er diese Frage für irrelevant und verweist darauf, dass »die wahren Beter den Vater anbeten werden im Geist und in der Wahrheit« (V. 23). Nicht ein bestimmter Ort ist für Jesus und damit auch für das Christentum ausschlaggebend, sondern die richtige innere Einstellung.

Trotzdem machen Menschen immer wieder die Erfahrung, dass von bestimmten Orten eine Kraft ausgeht, die ihnen guttut. Große europäische Wallfahrtsorte wie Lourdes, Fatima oder Tschenstochau sind solche Kraftorte. Aber auch die vielen lokalen Heiligtümer in den einzelnen Diözesen zählen dazu, die Menschen aufsuchen, um dort einen Augenblick in Stille zu verweilen, Gott und den Heiligen ihre Anliegen und Sorgen vorzutragen und eine Kerze anzuzünden. Die Atmosphäre an solchen Orten trägt dazu dabei, sich innerlich zu öffnen, und oft ziehen sie getröstet wieder von dannen. Auch der Pilgerweg selber zu den Gnadenorten, wie etwa der Jakobsweg, kann heilende, ordnende und läuternde Kräfte wecken.

Auffallend viele Wallfahrtsorte sind marianisch geprägt; hier ist die mütterliche Seite des tröstenden Gottes besonders spürbar. Kevelaer, nach dem bayerischen Altötting der zweitgrößte Wallfahrtsort Deutschlands, ist »Maria, Trösterin der Betrübten« geweiht. Das entsprechende Gnadenbild wird dort seit dem Jahr 1642 verehrt. Inspiriert ist das Kevelaer Gnadenbild durch das gleichlautende Gnadenbild in Luxemburg, das sich jetzt in der dortigen Kathedrale befindet. Beider Ursprung liegt in der Zeit des Dreißigjährigen Krieges (1618–1648), als dieser bereits viele Opfer gefordert hatte und ein Ende des Gemetzels nicht abzusehen war. In dieser Not wurde die »Trösterin der Betrübten« mit ihrem mütterlichen Schutzmantel für viele zu einem Zufluchtsort.

Der größte europäische Wallfahrtsort ist Lourdes in den französischen Pyrenäen mit jährlich etwa 6 Millionen Pilgerinnen und Pilgern, darunter etwa 70.000 kranke und behinderte Menschen. Mancher unter ihnen mag auf eine wundersame Spontanheilung hoffen, die sich dort tatsächlich immer wieder ereignet. Aber das eigentliche Wunder ist, dass so viele Menschen an diesem Ort neue Kraft schöpfen und getröstet in ihr gewohntes Lebensumfeld zurückkehren.

Trost durch religiöse Lieder

Von allen Künsten berührt die Musik die Seele eines Menschen am meisten. Sie gibt Emotionen Ausdruck und setzt sie frei; deshalb sind eine Trauerfeier oder eine Hochzeit ohne Musik kaum vorstellbar. Bereits das Hören von Musik aus dem Radio wirkt sich auf die Stimmung aus. Beim Singen, das die Zunge, den Kehlkopf und die Lunge beansprucht, wird der ganze Körper in einen Klang- und Resonanzraum verwandelt. Singen gilt als gesund; wer mindestens dreißig Minuten singt, baut Stresshormone ab und sorgt dafür, dass in seinem Gehirn Endorphine ausgeschüttet werden.

Bereits in biblischer Zeit war die therapeutische Wirkung von Musik bekannt. Der junge David vermochte König Saul in depressiven Phasen durch Musik zu erheitern, indem er auf der Leier spielte (1 Sam 16,14–23). Über die Musik treten Erinnerungen ins Bewusstsein, was jeder weiß, der im Radio ein bestimmtes Lied seiner Jugendzeit hört. Die Musiktherapie, die in vielen Kliniken Teil eines umfassenden Therapiekonzepts ist, macht sich dieses Faktum auf ihre Art zunutze; hier ist die Musik das Medium, um in einem geschützten Rahmen mit verstörenden oder traumatischen Erfahrungen in Berührung zu kommen und sie anschließend aufzuarbeiten.

Aufgrund ihrer Ganzheitlichkeit ist die Musik in vielen Religionen ein wichtiges Ausdrucksmittel. »Wer singt, betet doppelt«, lautet ein Zitat, das dem Kirchenvater Augustinus zugeschrieben wird. Da die Musik auch tiefere Seelenschichten anspricht, hat sie ein enormes Trostpotential. Bereits in dem ältesten und einem der schönsten deutschen Kirchenlieder, dem *Christ ist erstanden* aus dem 11. Jahrhundert, ist das Wort »Trost« enthalten. Jahrhundertelang bestand das Lied nur aus einer einzigen vierzeiligen Strophe, an die ein Kyrieleis angefügt wurde. Der Kernbestand des ursprünglichen Liedes deckt sich mit der heutigen ersten Strophe, die sich im jetzigen katholischen Gebet- und Gesangbuch *Gotteslob* unter Nr. 318 befindet:

Christ ist erstanden von der Marter alle.
Des solln wir alle froh sein; Christ will unser Trost sein.
Kyrieleis.

Die Melodieführung des Liedes erreicht im Wort *erstanden* den Spitzenton, aber auch bei dem Wort *froh* bewegt sie sich nach oben. Die zweite Zeile *(von der Marter alle)* und die vierte *(Christ will unser Trost sein)* haben dieselbe Melodie, so dass Christi Marter und unser Trost ein Pendant bilden. Inhaltlich ist anzumerken, dass das Wort »Trost« im Hochmittelalter viel breiter und ganzheitlicher verstanden wurde als heute: »Es meinte den Beistand eines, der mächtig ist, Leiden zu lindern, meinte deshalb freudige Zuversicht, Lebensmut, Vertrauen und Sicherheit« (Hansjakob Becker: Christ ist erstanden, S. 36).

In einer Reihe weiterer Kirchenlieder im *Gotteslob* ist explizit vom Trost die Rede. Hierzu einige ausgewählte Beispiele. Das Adventslied »Kündet allen in der Not« (Nr. 221), das auf die alte Melodie »Morgenglanz der Ewigkeit« (Nr. 84) gesungen wird, ist von den Verheißungen des Propheten Jesaja (35,5–10) inspiriert. In der letzten Strophe heißt es: »Gott wird wenden Not und Leid. Er wird die Getreuen trösten, und zum Mahl der Seligkeit ziehen die vom Herrn Erlösten.« Der Text des Liedes ist recht jung und stammt aus dem Jahr 1971. Um einiges älter, nämlich aus dem Jahr 1847, ist die deutsche

Textfassung des frühmittelalterlichen Hymnus »Veni creator Spiritus« *(Gotteslob,* Nr. 341) in »Komm, Schöpfer Geist, kehr bei uns ein« (Nr. 351); weil »paraclitus« sowohl mit »Beistand« als auch mit »Tröster« übersetzt werden kann, wird das »Qui diceris Paraclitus, donum Dei altissimi« in der 2. Strophe wie folgt übersetzt: »Der du der Tröster wirst genannt, vom höchsten Gott ein Gnadenpfand«. Im Kontext der Volksfrömmigkeit wird schließlich auch Maria als mächtige Trösterin verehrt; in dem litaneiartigen Refrainlied »Meerstern, ich dich grüße« (Nr. 524) wird sie in der 4. Strophe als »Quelle aller Freuden« und »Trösterin im Leiden« angerufen.

Weil eine echte Trosterfahrung viel mit Vertrauen zu tun hat, liegt in vielen Vertrauensliedern ein tröstlicher Charakter. Im jetzigen *Gotteslob* ist sogar eine eigene Sparte von Liedern mit »Vertrauen und Trost« (Nr. 414–435) überschrieben. Hier finden sich so schöne und ausdrucksstarke Lieder wie »Ich steh vor dir mit leeren Händen, Herr« (Nr. 422) oder »Wer nur den lieben Gott lässt walten« (Nr. 424). Unter Nr. 430 hat erstmals auch Dietrich Bonhoeffers »Von guten Mächten« Eingang ins katholische Gesangbuch *Gotteslob* gefunden.

»Von guten Mächten treu und still umgeben«

Der »wirkliche Trost«, den Dietrich Bonhoeffer zutiefst von Gott erhofft hatte, ist ihm selbst zuteil geworden; dies verbindet ihn mit seinem Zeit- und Leidensgenossen Alfred Delp. Ein beeindruckendes Zeugnis dieser tiefen Trost-Erfahrung ist Bonhoeffers Gedicht »Von guten Mächten«. Es ist Bestandteil des letzten uns erhaltenen Briefes an seine Verlobte Maria von Wedemeyer. Dieser Brief ist auf den 19. Dezember 1944 datiert. Einige Monate später, am 9. April 1945, ist Bonhoeffer im Konzen-

trationslager Flossenbürg im Alter von 39 Jahren hingerichtet worden.
In besagtem Brief schreibt er von »ein paar Verse[n], die mir in den letzten Abenden einfielen. Sie sind der Weihnachtsgruß für Dich und die Eltern und Geschwister« (Brautbriefe, S. 209). Durch diverse Vertonungen haben die »paar Verse« große Bekanntheit erlangt. Vielen ist die eingängige Komposition von Siegfried Fietz sehr geläufig. Allerdings hat Fietz in die Textstruktur sehr eingegriffen, als er die siebte und letzte Strophe zum Refrain umfunktionierte:

»Von guten Mächten wunderbar geborgen
erwarten wir getrost, was kommen mag.
Gott ist bei uns am Abend und am Morgen
und ganz gewiss an jedem neuen Tag.«

Das neue *Gotteslob* hat sich aus Respekt vor dem Textautor für die Vertonung von Kurt Grahl entschieden, die dem Originaltext exakt entspricht und in der die erste Strophe lautet:

»Von guten Mächten treu und still umgeben,
behütet und getröstet wunderbar.
So will ich diese Tage mit euch leben
und mit euch gehen in ein neues Jahr.«

Wer sind die guten Mächte, durch die der Autor Trost erfährt und die ihn zuversichtlich auf das bald beginnende neue Jahr blicken lassen? Aufschluss gibt hierüber eine Textpassage einige Zeilen zuvor. Dort verweist Bonhoeffer auf ein altes Kinderlied, das von den Engeln handelt, und er schreibt weiter, dass »diese Bewahrung am Abend und am Morgen durch gute unsichtbare Mächte etwas [ist], was wir Erwachsenen heute nicht weniger brauchen als die Kinder« (Brautbriefe, S. 208). Aber auch nahe und liebe Menschen zählen für ihn zu den »guten Mächten«, durch die er sich behütet und getröstet fühlt und zu denen er in der Haft eine wundersame Verbindung empfindet: »Aber ich habe immer wieder die Erfahrung gemacht, je stiller es um mich herum geworden ist, desto deutlicher habe ich die Verbindung mit euch gespürt. Es ist, als ob die Seele in der Einsamkeit Organe ausbildet, die wir im Alltag kaum kennen. So habe ich mich noch keinen Augenblick allein und verlassen gefühlt. Du, die Eltern, Ihr alle, die Freunde und Schüler im Feld, Ihr seid mir immer ganz gegenwärtig ... Es ist ein großes unsichtbares Reich, in dem man lebt und an dessen Realität man keinen Zweifel hat« (ebd.).

Die erste und die letzte Strophe, die das Gedicht umrahmen, zeugen von dem Optimismus, mit dem Bonhoeffer auf das neue Jahr zugeht. In einem gewissen Kontrast dazu steht die Wirklichkeit, in die er hineingestellt ist und die die zweite Strophe in den Blick nimmt: Sie spricht von der schweren Last böser Tage, die immer noch die Herzen quält, und mündet in die innige Bitte an den Herrn, er möge *»unseren aufgeschreckten Seelen«* das Heil schenken, für das er sie geschaffen hat. Strophe 3 geht noch einen Schritt weiter und erwägt die realistische Möglichkeit eines gewaltsamen Todes. Ausdrücklich bekundet Bonhoeffer die Bereitschaft, *»den schweren Kelch, den bittern, des Leids, gefüllt bis an den höchsten Rand«* aus der *»guten und geliebten Hand«* Gottes *»dankbar ohne Zittern«* annehmen zu wollen; demnach hat ihn der Gedanke an das Martyrium nicht an der Güte und Liebe Gottes zweifeln oder gar verzweifeln lassen. Auch wenn Bonhoeffer zum Äußersten bereit ist, sehnt er sich nicht nach dem Martyrium. Strophe 4 zieht als Alternative in Betracht, dass Gott noch einmal Freude *»an dieser Welt und ihrer Sonne Glanz«* schenken will; sollte dies der Fall sein, dann will er nicht einfach zur Tagesordnung übergehen, sondern auch *»des Vergangenen gedenken«*, zu dem auch die Zeit der Haft gehört, die Teil seiner Biographie ist und nicht vergessen werden soll. Strophe 5 lenkt den Blick auf die Kerzen, die *»warm und hell … heute flammen«*, was vermutlich damit zusammenhängt, dass Bonhoeffer seine Zeilen als Weihnachtsgruß für die Verlobte, die Eltern und Geschwister verfasst hat; an diese Personen denkt er auch bei der folgenden Bitte an Gott: *»führ, wenn es sein kann, wieder uns zusammen«*. Strophe 6 spricht schließlich von der tiefen Stille, in der die Welt sich auf unsichtbare Weise und doch sehr real weitet; dies ist auf dem Hintergrund der Gefängniszelle zu verstehen, in der Bonhoeffer einsitzt und in der er sich trotz (oder gerade wegen) der Einsamkeit lieben Menschen verbunden fühlt und ihnen nahe weiß. Bonhoeffer hatte ja vorher von Organen gesprochen, die die Seele in der Einsamkeit ausbildet und die vertraute Menschen ganz gegenwärtig sein lässt (s.o.).

Überblickt man das Gedicht als Ganzes, dann fällt auf, dass die Strophen 2 bis 6 in der Du-Form formuliert sind. Ihr Adressat ist Gott, an den sich verschiedene Bitten richten. Insofern ist das Gedicht ein geschriebenes Bittgebet. Die erste Strophe ist in der Ich-Form verfasst, die letzte in der »Wir Form«. Die letzte Strophe enthält keine Bitte mehr, sondern nur noch das gläubige Bekenntnis, *dass* wir »von guten Mächten wunderbar geborgen« sind, weil Gott »am Abend und am Morgen und ganz gewiss an jedem neuen Tag« bei uns ist.

4. Die ignatianische Perspektive: Ganz bei Trost sein

In der Spiritualität des Ignatius von Loyola (1491–1556), Gründer des Jesuitenordens, ist Trost ein Schlüsselbegriff. Jesuiten der ersten Generation wie Pater Jéronimo Nadal haben sich als »Diener des Trostes« bezeichnet. Freilich ist das Wort bei Ignatius inhaltlich etwas anders als in unserem Sprachgebrauch akzentuiert: Trosterlebnisse sind für ihn letztlich kein Wert in sich, sondern verfolgen den Zweck, Menschen tiefer zu Gott zu führen und ihre Liebe zu ihm und den Menschen zu vertiefen.[2]

Für die ignatianische Spiritualität ist charakteristisch, dass der Mensch Gottes Trost in allen Situationen des Lebens finden und erfahren kann: in den scheinbaren Banalitäten des Alltags ebenso wie in den großen Momenten des Lebens und in den Mitmenschen. Aber auch die Natur ist ein Ort, an dem Gottes Trost erfahren werden kann. Bald nachdem Ignatius zu einem existentiellen Glauben gefunden hatte, machte er sich daran, die Worte Christi, die ihm viel bedeuteten, mit roter Tinte aufzuschreiben. Rückblickend schreibt er über sich selbst: »Den größten Trost empfing er jedoch, wenn er den Himmel und die Sterne betrachtete, was er viele Male und über lange Zeit tat. Denn dadurch verspürte er in sich einen großen Eifer, unserem Herrn zu dienen« (Bericht des Pilgers, Nr. 11). Weil Gott für Ignatius der Schöpfer der Welt und des Kosmos ist, löste die Betrachtung der Natur in ihm den Wunsch aus, dem »All-Herrscher« mit ganzer Kraft zu dienen.

[2] Hilfreiche Hinweise zu diesem Kapitel verdanke ich P. Willi Lambert SJ.

Seine Erfahrungen hat Ignatius übrigens in einer geistlichen Autobiographie niedergeschrieben, die er »Bericht des Pilgers« nannte. Man kann hieraus die Anregung ziehen, die Geschichte der eigenen Tröstungen und damit den Weg der spirituellen Selbsterkenntnis zu bedenken, auf dem Gott mit seiner Gnade immer schon im eigenen Leben wirksam war.

Trost und Trostlosigkeit als Leitfaden der Exerzitien

Was Ignatius unter Trost versteht, lässt sich ganz besonders an seinen *Geistlichen Übungen*, auch Exerzitien genannt, festmachen. Die Exerzitien leiten einen Menschen in einer vierwöchigen geistlichen Intensivzeit dazu an, »sein Leben zu ordnen« (so der Zielsatz des Exerzitienbuches in Nr. 21), indem sie ihn tiefer zu Gott, zu sich selbst und zu den Mitmenschen finden lassen; dabei ist es Gott selbst, der die Seele eines Menschen anrührt und sich ihr in Liebe mitteilt (vgl. Nr. 15). Die Exerzitien sind nicht am Schreibtisch entstanden, sondern haben einen biographischen Erfahrungshintergrund: Ignatius war im Herbst 1521 als junger und ehrgeiziger Offizier bei der Verteidigung der Stadt Pamplona schwer verwundet worden und musste im heimatlichen Schloss Loyola monatelang das Bett hüten. In dieser langwierigen Phase der Rekonvaleszenz las er zum Zeitvertreib Bücher religiösen Inhalts. Mehr und mehr faszinierten ihn das Leben Jesu und die Großtaten der Heiligen; ebenso blieb sein Drang nach Karriere, Macht und weltlicher Anerkennung lebendig. Dabei nahm er wahr, dass beides eine unterschiedliche Wirkung in ihm entfaltete: Während ihm die »weltlichen« Gedanken kurzfristig Freude bereiteten, ihm aber auf Dauer schal vorkamen, fand er in der religiösen Lektüre eine dauerhafte und tiefe Zufriedenheit.

In dieser Erfahrung ist bereits das angelegt, was Ignatius später als »Unterscheidung der *mociones*« bezeichnen wird; die »*mociones*« sind dabei die inneren Regungen, zu denen Gefühle und Gedanken, aber auch Körpersignale zählen. Dem liegt die Überzeugung zugrunde, dass Gott sich dem Menschen durch das Wirken seines Geistes permanent und auf vielfältige Weise mitteilt. Um dies erfahrbar zu machen, gehört zur Ausbildung der Jesuiten neben einer Reihe anderer sogenannter »Experimente« wie Zeiten im Krankendienst, in Flüchtlingslagern u. Ä. auch das »Armutsexperiment«. Dieses konkretisiert sich heute so, dass die Novizen vier Wochen ohne Geld und ohne Handy, aber mit einem festen Ziel sowie mit Isomatte und Schlafsack unterwegs sind. Auf ihrem Weg bitten sie Menschen um ein Dach über dem Kopf und um etwas zu essen. Dabei geben sie sich mit dem zufrieden, was man ihnen anbietet, und tragen die Anliegen ihrer Wohltäter auf ihrem weiteren Pilgerweg im Gebet mit. Dadurch sollen sie erfahren, wie Gott jeden Tag durch das Erlebte zu ihnen spricht und für sie sorgt.

Im Exerzitienprozess teilt sich Gott aus Sicht des Ignatius vor allem über die Gefühle und Gedanken im Innern eines Menschen mit. Was einen dauerhaften tiefen inneren Frieden schenkt, deutet Ignatius als einen Trost, der von Gott kommt. Das Gegenteil ist die Trostlosigkeit; sie kann sich in innerer Unruhe, Niedergeschlagenheit und Kleinmut zeigen, aber auch in einem oberflächlichen Enthusiasmus, der wie ein Strohfeuer schnell in sich zusammenbricht. Mit dieser Unterscheidung von Trost und Trostlosigkeit liegt Ignatius auf einer Linie mit dem Apostel Paulus, der zwischen den »Werken des Fleisches« und der »Frucht des Geistes« unterscheidet: Zu den

»Werken des Fleisches« zählen für ihn Feindschaft, Streit, Eifersucht, Jähzorn und Spaltungen, zur »Frucht des Geistes« Liebe, Freude, Friede, Langmut, Freundlichkeit, Güte und Treue (Gal 5,19–22).

Zwei Zeitgenossen: Ignatius von Loyola und Martin Luther

Für Ignatius liegt in der Wahrnehmung der inneren Regungen der Schlüssel, um den Willen Gottes für das eigene Leben zu erkennen. Dies entspricht dem heutigen Lebensgefühl, für das Stichworte wie Individualisierung oder Subjektorientierung charakteristisch sind. Beim eigenen Empfinden anzusetzen weist Ignatius gleichzeitig als typischen Vertreter der beginnenden Neuzeit aus. Nicht von ungefähr ist Ignatius ein Zeitgenosse Martin Luthers, der auf einer existentiellen Suche nach Gottes befreiender Gnade war, die sich in der Leitfrage »Wie bekomme ich einen gnädigen Gott?« verdichtete. Die erlösende Antwort fand der Wittenberger Theologe darin, dass der Mensch nicht durch »gute Werke« kraft eigener Anstrengung und Leistung gerettet werden kann, sondern allein durch den Glauben, indem sich ein Mensch Gott in einem Akt tiefen Vertrauens überlässt. Somit erweist sich der Glaube als ein Geschenk, das sich dadurch realisiert, dass ein Mensch sich von der Liebe Gottes berühren lässt und sie annimmt; dieser Vorgang lässt ihn immer mehr zu einem Liebenden werden und drängt ihn dazu, Gutes zu tun.

Luther und Ignatius sind sich persönlich nie begegnet, aber beide setzen beim Einzelnen an und erwarten das Entscheidende von Gottes Gnade. Letztlich denken beide theozentrisch, weil einem jeden von ihnen der lebendige Gott, der aus Liebe seinen Sohn gesandt hat, das

Maß aller Dinge ist. So kann Luther im Jahr 1532 in einer Predigt sagen: »Sollte ich Gott malen, würde ich ihn so malen: Im Abgrund seiner göttlichen Natur nichts als ein Feuer und eine Brunst: Lieb zu läuten. Und zwar ist das keine Liebe von Menschen oder Engeln, sondern eine göttliche Liebe, ja Gott selber ... ein Backofen voll Liebe – sonst nichts« (Weimarer Ausgabe 36, 424, 2; 425,1).

Die Haltung der »Indifferenz« als Ausdruck innerer Freiheit

Die *Geistlichen Übungen* des Ignatius sind darauf ausgerichtet, dass Menschen Jesus tiefer erkennen, in der Liebe zu ihm wachsen und ihm entschiedener nachfolgen (vgl. Nr. 104). Inhaltlich orientieren sie sich am Lebensweg Jesu, angefangen von der Geburt in Bethlehem über die öffentliche Verkündigung, sein Leiden und Sterben bis hin zur Auferstehung. Im Prozess der Exerzitien legt Ignatius großen Wert auf die innere Einstellung desjenigen, der die *Geistlichen Übungen* macht: Er soll in jede einzelne Übung »mit großmütigem Geist und Freiherzigkeit gegenüber seinem Schöpfer und Herrn« eintreten, »indem er ihm seine ganze Willenskraft und Freiheit darbringt« (Exerzitienbuch, Nr. 5). Damit setzen die *Geistlichen Übungen* beim Exerzitanten bereits einen Glaubens- und Vertrauensakt gegenüber Gott voraus, den sie ihrerseits zu vertiefen suchen. Nach jeder Übung soll der Übende darüber reflektieren, wie er sich erlebt und welche Regungen von Trost oder Trostlosigkeit in ihm aufgestiegen sind. Dies soll in einer Haltung der »Indifferenz« geschehen, was so viel wie Gleichmütigkeit bedeutet. »Indifferenz« meint, die eigenen Regungen aus einer gewissen Distanz heraus zunächst einmal vorurteilsfrei wahrzunehmen, um sich eine innere Freiheit für das zu bewahren oder zu gewinnen, was Gott mit einem vorhat. Jenseits vorgefasster Denkmuster ist der Zielpunkt der je größere Lobpreis und die Verherrlichung Gottes: »Denn das soll ein jeder bedenken, dass er in allen geistlichen Dingen nur insoweit Fortschritte machen wird, als er herausspringt aus seiner Eigenliebe, seinem Eigenwillen und seinem Eigennutz« (Exerzitienbuch, Nr. 189).

In den *Geistlichen Übungen* soll der Mensch jenen inneren Regungen folgen, in denen er Trost empfindet. Freilich ist das Empfinden von Trost kein Selbstzweck. Ignatius bemerkte einmal, dass er nach einer gut getroffenen Entscheidung zur Bestätigung immer noch mehr trostreiche Erfahrungen machen wollte. Dabei wurde er immer unwilliger und es kamen ihm, wie er notiert, »Gedanken gegen Jesus«, und er erkannte, dass es ihm nicht mehr um eine echte geistliche Bestätigung ging, die auf das selbstlose Erkennen von Gottes Willen zielt, sondern um Trosterlebnisse, die letztlich egoistisch motiviert waren.

Regeln zur Unterscheidung

Ignatius hat im Laufe der Jahre erkannt, wie sehr ein subjektives Sich-getröstet-Fühlen täuschen kann. Bezeichnend ist die folgende Episode, von der er in seiner Autobiographie berichtet. Sie hat sich in jungen Jahren bald nach seiner Bekehrung in Loyola ereignet, als er auf einem Maultier nach Montserrat ritt (Bericht des Pilgers, Nr. 15f.). Unterwegs trifft er auf einen Mauren und diskutiert mit ihm über die Jungfräulichkeit Mariens. Der Maure stimmt zwar zu, dass Maria ohne Mann empfangen habe, aber er könne nicht glauben, dass sie auch beim Gebären Jungfrau geblieben sei. Von dieser Meinung kann Ignatius ihn mit vielen Argumenten nicht abbringen; der Maure beschleunigt seinen Ritt und ihre Wege trennen sich. Anschließend befallen Ignatius Skrupel, ob er die Ehre der Jungfrau nicht mit Dolchstößen habe verteidigen sollen. Die Entscheidung überlässt er dem Maultier, das glücklicherweise dem Mauren nicht nachreitet.

Fast wäre Ignatius der fundamentalistischen Versuchung verfallen und hätte um der Ehre der Mutter Gottes willen einen Menschen verletzt oder gar getötet. Später hat er diese Begebenheit gut reflektiert: Er wollte, wie er es früher als Soldat gewohnt war, mit Gewalt klare Verhältnisse schaffen, jetzt jedoch zur Ehre Gottes. »In diesen Gedanken fand er seinen ganzen Trost, weil er noch keinen Blick für das Innere hatte. Weder wusste er, was Demut, Liebe, Geduld eigentlich waren, noch hatte er die Urteilskraft *(discreción)*, um diese Tugenden zu regeln und zu bemessen« (ebd., Nr. 14).

Ignatius hat einige Zeit gebraucht, um seine Methode der »Unterscheidung der inneren Regungen *(mociones)*« zu entwickeln, die den Trost, der von Gott kommt, vom falschen Trost angemessen unterscheidet. Dabei hat echter Trost bei ihm nichts mit einem Wohlfühl- und Lustempfinden oder mit Behaglichkeit zu tun. Die Biographien von Alfred Delp und Dietrich Bonhoeffer zeigen, dass sich der Trost, der von Gott kommt, und die Bereitschaft zu leiden nicht ausschließen müssen. Um zu einer klaren Entscheidung zu gelangen, welcher Trost von Gott und welche Empfindung vom »Widersacher« kommt, legt Ignatius in seinem Exerzitienbuch 22 Regeln zur »Unterscheidung der inneren Regungen« vor (Nr. 313–336; vgl. zu Folgendem Zollner: Trost). Sie sind aus seiner reichen Praxis der Exerzitienbegleitung erwachsen und berücksichtigen neben dem inneren Erleben auch sachliche Argumente und Fakten. Besonders aufschlussreich ist, wie Ignatius hier Trost und Trostlosigkeit charakterisiert. Geistliche Trostlosigkeit erkenne man an einer »Verfinsterung der Seele, Verwirrung in ihr, Hinneigung zu niedrigen und erdhaften Dingen, Unruhe durch verschiedene Umtriebe und Versuchungen, die zum Unglauben, ohne Hoffnung, ohne Liebe hintreiben, wobei sich die Seele ganz träge, lau, traurig findet und wie getrennt von ihrem Schöpfer und Herrn« (Nr. 317). Nachdrücklich warnt Ignatius davor, in Zeiten der Trostlosigkeit gravierende Weichenstellungen vorzunehmen; man solle »fest und beharrlich zu den Vorsätzen und Entscheidungen stehen, zu denen man am Tag vor dieser Trostlosigkeit stand« (Nr. 318).

Der geistliche Trost ist gewissermaßen der Gegensatz zur geistlichen Trostlosigkeit und zeichnet sich durch drei Aspekte aus: »Ich nenne es Trost, wenn in der Seele eine innere Bewegung verursacht wird, durch welche die Seele in Liebe zu ihrem Schöpfer und Herrn zu entbrennen beginnt, und wenn sie infolgedessen kein geschaffenes Ding auf dem Antlitz der Erde mehr in sich zu lieben vermag, es sei denn im Schöpfer ihrer aller. Desgleichen, wenn einer Tränen vergießt, die ihn zur Liebe Seines Herrn bewegen, sei es aus Schmerz über seine Sünden oder über das Leiden Christi unseres Herrn oder über andere unmittelbar auf Seinen Dienst und Lobpreis hingeordnete Dinge. Schließlich nenne ich Trost jeglichen Zuwachs an Hoffnung, Glaube und Liebe, und jede innere Freude, die zu den himmlischen Dingen oder zum eigenen Seelenheil aufruft und hinzieht, indem sie der Seele Ruhe und Frieden in ihrem Schöpfer und Herrn spendet« (Nr. 316).

Ignatius nimmt die subjektiven Empfindungen ernst, aber er fügt mit der Trias von Glaube, Hoffnung und

Liebe ein theologisch gefasstes, stärker objektives Trostkriterium als dritten Aspekt hinzu: »Der Glaube als absolutes Vertrauen in die Kraft Gottes, die Hoffnung auf Gottes Beistand über Leid und Tod hinaus, und die Liebe als gegenseitiger Dienst und Hingabe in der Teilnahme an der Sendung Jesu« (Zollner: Trost, 204). Zeichen für Trostlosigkeit wären folglich eine fehlende Hoffnung, ein mangelnder Glaube und eine Lieblosigkeit, die von Gott und den Menschen wegführen. Alle »drei göttlichen Tugenden« (wie die Tradition sie nennt) greifen ineinander: Wo der Glaube einen Menschen prägt, da wirkt sich das auch in Hoffnung und Liebe aus – und umgekehrt. »Ganz bei Trost« wäre für Ignatius somit ein Mensch, in dem Glaube, Hoffnung und Liebe lebendig sind und der in seinem Leben danach strebt, dass die drei Tugenden immer mehr in ihm wachsen.

Das Größte aber ist die Liebe

Auch mit dieser Trias von Glaube, Hoffnung und Liebe knüpft Ignatius an die Theologie des Apostel Paulus an. Dieser hatte sich im 1. Korintherbrief von einem schwärmerischen Christentum in Korinth abgegrenzt und die Liebe zum Maß aller Dinge gemacht. So schließt das »Hohelied der Liebe« (1 Kor 13) mit den Worten: »Für jetzt bleiben Glaube, Hoffnung, Liebe, diese drei; doch am größten unter ihnen ist die Liebe« (V. 13). Für Paulus sind Glaube und Hoffnung jetzt zwar sehr wichtig, aber im Angesicht Gottes werden sie sich irgendwann erübrigen. Am Ende wird nur die Liebe bleiben, die Gott selbst ist.

Diese Einsicht deckt sich mit dem Ende der Exerzitien, an die Ignatius eine »Betrachtung zur Erlangung der Liebe« (Nr. 230–237) stellt. Er betont, dass die Liebe eine

»Mitteilung von beiden Seiten« (»el amor consiste en comunicación de las dos partes« Nr. 231) ist und damit ein wechselseitiges Beziehungs- und Kommunikationsgeschehen darstellt; dies gilt für menschliche Beziehungen ebenso wie für die Beziehung zu Gott. Vor allem aber muss »die Liebe mehr in die Werke als in die Worte gelegt werden« (Nr. 230). Nicht auf große Reden kommt es Ignatius an, sondern auf ein glaubwürdiges Zeugnis der Tat, das von einer Haltung der Liebe getragen ist. Für den Exerzitienprozess wie für das ganze geistliche Leben gilt: Wenn ein innerer Impuls zu tatkräftiger Liebe drängt, dann ist das für Ignatius ein eindeutiges Zeichen für einen echten Trost, der von Gott stammt.

Die unterscheidend-kluge Liebe des Ignatius

Die ignatianische Spiritualität zeichnet sich durch Zielklarheit, innere Weite und Respekt vor der Freiheit des Einzelnen aus. Ignatius ermuntert den Gläubigen, zunächst einmal alle Empfindungen vorurteilsfrei zuzulassen und sie anzuschauen. Er moralisiert nicht, leitet den Exerzitanten aber dazu an, in einer Haltung größtmöglicher innerer Wahrhaftigkeit zu einer guten eigenverantwortlichen Entscheidung im Geiste des Evangeliums zu gelangen. Wenn Ignatius in seinen Briefen oder in den Konstitutionen des Ordens von der »unterscheidend-klugen Liebe« *(discreta caritatis)* spricht, dann ist das sehr aussagekräftig: Das entscheidende Hauptwort ist die Liebe; diese aber soll klug sein und fragend-unterscheidend hineinspüren, ob das, was geschieht und zu dem ein Mensch hintendiert, den Geschmack des Guten hat und damit von Gott als dem »Geber aller guten Gaben« kommt.

Der Person des Begleiters legt Ignatius große Zurückhaltung auf. Bezeichnenderweise spricht er in den *Geistlichen Übungen* niemals vom »Exerzitienmeister«, sondern immer recht nüchtern von demjenigen, »der die Übungen gibt« (z. B. Nr. 15) und der als Begleiter darauf schaut, wie der Exerzitant sich auf die Übungen einlässt. Denn Ignatius ist von der festen Zuversicht geprägt, dass Gott sich dem, »der die Übungen empfängt«, selbst mitteilen und ihn zu gegebener Zeit trösten wird. So spricht er bei einer Betrachtung zur Auferstehung vom »Trösteramt«, »das Christus, unser Herr, ausübt« (Nr. 224). Aus diesem Grund soll der Begleiter wenig intervenieren und eher »wie eine Waage in der Mitte stehend, unmittelbar den Schöpfer mit seinem Geschöpf und das Geschöpf mit seinem Schöpfer wirken lassen« (Nr. 15). Damit weist die ignatianische Spiritualität Standards auf, die heutige Pastoral und Seelsorge keinesfalls unterbieten dürfen und die besagen: Es ist wichtig, Menschen einfühlsam zu begleiten, aber um eine Übergriffigkeit von Seelsorgern und Seelsorgerinnen zu verhindern, ist ihre Entscheidungsfreiheit ebenso ernst zu nehmen, wie ihre Eigenverantwortung zu achten und zu fördern ist.

Dietrich Bonhoeffer zweifelte an seinem eigenen Trostvermögen und dachte manchmal, »der wirkliche Trost müsse ebenso unvermutet hereinbrechen wie die Not« (siehe oben Kap. 2). Ignatius von Loyola hätte ihn in dieser Haltung bestätigt und auf Gott als den verwiesen, der den Menschen trösten wird, wann und wie er will. Auch wer heute andere trösten möchte, tut gut daran, um den »Gott allen Trostes« (2 Kor 1,3) zu wissen und auf seine Treue zu vertrauen.

Literaturhinweise

a) Grundlegendes

Georg Langenhorst: Trösten lernen? Profil, Geschichte und Praxis von Trost als diakonischer Lehr- und Lernprozeß (zeitzeichen. Bd. 7). Ostfildern 2000.

Philipp Müller: Art. Seelsorge. In: Lexikon für Theologie und Kirche. 3. Aufl. Bd. 9, 383–387.

Ders.: Die Kunst aller Künste« (Gregor der Große). Seelsorge als Kunst – Seelsorge als Kitsch. In: Lebendige Seelsorge 61 (2010) 223–228.

Ders.: Eine Heilige der Dunkelheit. Mutter Teresa von Kalkutta und ihre Erfahrung der Gottesferne. In: Geist und Leben 89 (2016) 121–129.

Karl Rahner: Grundkurs des Glaubens. Neuausgabe. 2. Aufl. Freiburg 2008.

Ders.: Gotteserfahrung heute. In: ders.: Sämtliche Werke. Bd. 23. Glaube im Alltag. Bearbeitet von Albert Raffelt. Freiburg – Basel – Wien 2006, 138–149.

Peter Scheuchenpflug (Hrsg.): Tröstende Seelsorge. Chancen und Herausforderungen für christliches Handeln in der pluralen Welt (Studien zur Theologie und Praxis der Seelsorge. Bd. 60). Würzburg 2005.

b) Die nationalsozialistische Diktatur und die Shoa als Ernstfall des Trostes

Dietrich Bonhoeffer: Widerstand und Ergebung. Briefe und Aufzeichnungen aus der Haft. Sonderausgabe. Gütersloh 2015.

Ders. u. Maria von Wedemeyer: Brautbriefe Zelle 92. Herausgegeben von Ruth-Alice von Bismarck u. Ulrich Kabitz. Darmstadt 1992.

Alfred Delp: Briefe aus dem Gefängnis. Freiburg – Basel – Wien 2019.

Viktor E. Frankl: … trotzdem Ja zum Leben sagen. Ein Psychologe erlebt das Konzentrationslager. 8. Aufl. München 2016.

Ders.: Es kommt der Tag, da bist du frei. Unveröffentlichte Briefe, Texte und Reden. Herausgegeben von Alexander Batthyány. München 2015.

Elie Wiesel: Der Prozess von Schamgorod (so wie er sich am 25. Februar 1649 abgespielt hat). Ein Stück in drei Akten. Freiburg i. Br. 1987.

Gabrielle Oberhänsli-Widmer: Elie Wiesel – Der Prozess von Schamgorod. In: Kirche und Israel 22 (2007) 171–180.

c) Praktische Aspekte einer tröstenden Seelsorge

Hansjakob Becker: Christ ist erstanden. In: ders. u. a. (Hrsg.): Geistliches Wunderhorn. Große deutsche Kirchenlieder. München 2009, 29–41.

Peter Bukowski: Die Bibel ins Gespräch bringen. Erwägungen zu einer Grundfrage der Seelsorge. 4. Aufl. Neukirchen 1999.

Michael Klessmann: Pastoralpsychologie. Ein Lehrbuch. 3. Aufl. Neukirchen 2006.

d) Ignatianische Perspektive

Ignatius: Geistliche Übungen. Übertragung und Erklärung von Adolf Haas. 6. Aufl. Freiburg – Basel – Wien 1983.

Ders.: Bericht des Pilgers. Herausgegeben, übersetzt und eingeleitet von Michael Sievernich. Wiesbaden 2006.

Hans Zollner: Trost – Zunahme an Hoffnung, Glaube und Liebe. Zum theologischen Ferment der ignatianischen »Unterscheidung der Geister« (Innsbrucker theologische Studien. Bd. 68). Innsbruck 2004.

In der Reihe «Ignatianische Impulse» sind u.a. auch folgende Bände erschienen:

Band 1: Willi Lambert, **Das siebenfache Ja**

Band 2: Stefan Kiechle, **Sich entscheiden**

Band 7: Karl Frielingsdorf, **Gottesbilder**

Band 10: Claudia Bausewein, **Sterbende begleiten**

Band 11: Willi Lambert, **Wovon die Liebe lebt**

Band 12: Eckhard Frick, **Sich heilen lassen**

Band 15: Ignatius von Loyola, **In allem – Gott**

Band 18: Christian Herwartz, **Auf nackten Sohlen**

Band 21: Alfred Delp, **Im Angesicht des Todes**

Band 47: Stefan Kiechle, **Warum leiden?**

Band 50: Willi Lambert (Hg.), **Von Ignatius inspiriert**

Band 51: Christian Herwartz, **Brennende Gegenwart**

Band 58: Hans Schaller, **Wachsen im Gebet**

Band 64: Willi Lambert, **Gotteskontakt**

Band 65: Hermann Kügler, **Neuer Mut zur Zärtlichkeit**

Band 67: Stefan Kiechle, **Grenzen überschreiten**

Band 71: Th. Spirig-Huber / K. Graf, **Ich werde, also bin ich**

Band 78: J. Hartmann / A. C. Unkelhäußer, **Freude an Gott – Das innere Feuer neu entfachen**

Band 80: Ch. Baich / D. Gnau / Ch. Klimann, **Wenn wir an Grenzen kommen**

Band 86: Willi Lambert, **Ich – Du – Wir**

Weitere Informationen zu allen Bänden der Reihe finden Sie unter www.echter.de